中学生のにほんご
学校生活編

外国につながりのある
生徒のための日本語

庵功雄 監修　志村ゆかり 編著
志賀玲子・武一美・永田晶子
樋口万喜子・宮部真由美・頼田敦子 著

スリーエーネットワーク

©2019 by SHIMURA Yukari, SHIGA Reiko, TAKE Kazumi, NAGATA Akiko, HIGUCHI Makiko, MIYABE Mayumi, and YORITA Atsuko

All rights reserved. No part of this publication may be reproduced, stored in a retrieval system, or transmitted in any form or by any means, electronic, mechanical, photocopying, recording, or otherwise, without the prior written permission of the Publisher.

Published by 3A Corporation.
Trusty Kojimachi Bldg., 2F, 4, Kojimachi 3-Chome, Chiyoda-ku, Tokyo 102-0083, Japan

ISBN978-4-88319-790-3 C0081

First published 2019
Printed in Japan

まえがき

　この教材は、主に中学生を対象に、「初級の日本語から教科を学ぶために必要な日本語」の力の育成を目指したシリーズの第一弾です。

　日本に暮らす外国につながりのある子どもたちにとって、日本語をマスターし、学校の勉強についていくことは、とても大変なことです。この本の著者は、外国につながりのある子どもたちと関わってきた者、日本語学校や大学での日本語教育に携わってきた者、日本語の研究をしている者と、多岐にわたります。多方面の視点から、子どもたちの日本語力、ひいては学習能力を高めるアプローチのあり方を模索してきました。また、そのために実際に学校現場で子どもたちと一緒に学び、先生方と話し合ってきました。つまり、この本は著者だけでなく、子どもたちや学校現場の先生方の協力のもとに、作られたものです。学校現場の先生からは日本語だけでなく、「考える力」がついたという報告もいただいています。この本の刊行によって、よりたくさんの現場から、そうした声が聞こえてくることを著者一同願っております。

　最後に、本教材作成にあたり、ご協力いただきました横浜市教育委員会、並びに横浜吉田中学校のみなさまに深謝の意を表させていただきます。

2019年5月　著者一同

本書はJSPS科研費17H02350（研究代表者：庵功雄）の研究成果の一部です。

目次

指導・支援をされる方へ ……………………………………………… (5)

学習項目一覧 …………………………………………………………… (8)

0課 教室の言葉 ……… 1	**10課** 学校行事 ……… 104
1課 初めまして ……… 2	**11課** 病気欠席 ……… 114
2課 学校とその周辺 ……… 14	**12課** 夏休みの予定 ……… 124
3課 毎日の生活 (1) ……… 24	**13課** 夏休みの一日 ……… 136
4課 毎日の生活 (2) ……… 34	**14課** 遠足・修学旅行 ……… 148
5課 学校生活 (1) ……… 46	**15課** 職場体験 ……… 160
6課 学校生活 (2) ……… 60	**16課** トラブル ……… 171
7課 部活 ……… 71	**17課** 文化祭 ……… 181
8課 テストの準備 ……… 83	**18課** 卒業式 ……… 192
9課 外出 ……… 93	解答 ……… 204

指導・支援をされる方へ

　この教材は、生徒が「どんな場面で」「どんなときに」「どんな日本語を使うのか」ということを考えながら進める日本語の教材です。

　そして、教師や支援者の手を借りなくても進められるように、できるかぎり工夫した教材です。生徒が「自分で考えながら」進めるなかで、立ち止まってしまったときに手助けするようにお使いいただければと思います。

　日本語学習は学習といっても、勉強ではなく「日本語でコミュニケーションをする方法を学ぶ」ものですから、できるだけ、生徒と一緒にこの教材を話題の材料に、楽しく会話を広げてください。実際に勉強した日本語で誰かと交流することが、一番の日本語習得の方法だと思います。

▶ 対象

ひらがな、カタカナが読み書きできる生徒

▶ 教材の構成

- 本冊
- 別冊：この本の主な登場人物
  　　　言葉と文法の学習シート
  　　　言葉リスト（五十音順。英語、中国語、スペイン語訳つき）
- Webアップロード教材：練習シート（1課〜8課、10課、12課、13課、16課、17課）
  　　　　　　　　　　　練習シート（解答）
  　　　　　　　　　　　言葉を覚えるためのチェックシート
  　　　　　　　　　　　言葉リスト（課順。英語、中国語、スペイン語訳つき）

＊「Webアップロード教材」は、この書籍には入っていません。https://www.3anet.co.jp/np/books/3940/からダウンロードしてご利用ください。

▶ 各課の構成

本文会話：学習する日本語が使われる場面を生徒の接触場面で提示した会話。
練習：対話形式の練習を中心にその課の学習項目（文型）を学ぶ。
　　※本文会話や練習に出てくる「支援教室」は地域のボランティア教室などを指します。
　　　「国際教室」は学校の授業時間内で行われる日本語指導を中心とした教室を指します。
自由会話：その課で学習したことを使って、生徒が自由に会話を行う。
読み物：その課の学習項目を使った短い読み物。内容は課のテーマに沿ったもので、内容確認の「読み物クイズ」と「読み物の漢字」がある。
作文：読み物を参考に、自分のことについて短い作文を書く。
新しい言葉チェック：その課に出てきた新しい言葉の習得を目的とした練習問題。
　　※Web教材の「言葉を覚えるためのチェックシート」は覚えるためのものですが、ここでは覚えた言葉を定着させるための問題になっています。

　なお、この教材では、それまでの課で学習していない文法や表現が出てくることがありますが、文脈から生徒が理解できるものについては、あえて取り上げていませんので、教師からわざわざその文法や表現を取り出して確認することは避けてください。あくまで生徒が立ち止まったときに手助けするようにしてください。

▶ 各課の進め方

1) 本文会話に目を通す。（この時点では場面や状況がわかればよい。）
2) 例や説明を読んでから、練習を行う。練習は、絵を見ながら書いたり、話してから書いたり、書いてから話したりと様々なので、練習の指示文をよく見てから始める。例や説明だけで理解を促そうとするのではなく、練習を通して文型の形や働きを理解していくようにする。教師は適宜チェックする。
3) 本文会話に戻って、もう一度本文会話を読む。（教師やほかの生徒と一緒に読むのが望ましい。）わからないところがあったら教師に質問するように指示する。
4) 次の本文会話に進む。（上の1）～3）の手順を繰り返す。）
5) 課のすべての本文会話と練習が終わったら、自由会話を行う。（ここでは生徒の発話（回答）から教師が話題を広げたり、ほかの生徒と会話を続けるよう促したりするのが望ましい。）
6) 読み物と漢字を学習する。（終了後教師がチェックする。）
7) 読み物を参考に作文を書く。（終了後教師がチェックし、その作文について生徒と話

　　　 したり、コメントしたりする。）
8）各課の言葉リストを覚える。覚えたら、「新しい言葉チェック」を行う。
その他：別冊「言葉と文法の学習シート」の活用の規則や品詞別語彙の紹介などを適宜利
　　　　用しながら進めるとよい。単語だけでなく、動詞や形容詞の活用なども覚えるよ
　　　　う指示する。

▶ 留意点

- 生徒に丁寧に理解しながら進めるよう促す。（教師は生徒が間違えた場合、すぐ正答を与えず、生徒に考えさせる。）
- 生徒によって進度に差が出る場合があるが、その生徒の理解度で進めるよう励ます。
- いい加減に書いていないか、悩んで止まっていないか、言葉がわからず困っていないか等、生徒の様子に目を配るようにする。
- 生徒が語の意味を理解していない場合は、教師が言葉リストからその語を探して示す。
- 生徒が黙々と教科書に書き込んで進めることのないように、生徒と練習の対話を読み合わせたり、生徒が書き込んだ内容や練習の場面を利用して話したりするなど、できるだけ発話につなげるように心掛ける。

▶ 学習時間の目安

　目安として1日3ページ学習すると、80日程度で終了。子どもの学習環境に合わせて進めることが望ましい。

学習項目一覧

課（トピック）	本文会話（場面）	文　型
1課 初めまして	1 朝のホームルーム	1）－は－です 2）何才ですか 3）－の－ 4）－も－です 5）－は－じゃないです
	2 休み時間	6）－は－が好きです 7）－は－が好きですか／好きじゃないです 8）－はどんな－が好きですか
2課 学校とその周辺	1 学校	1）ここ／そこ／あそこは－です 2）－はどこですか 3）－は－から－までです
	2 文房具店	4）これ／それ／あれは－です 5）この／その／あの－はいくらですか 6）この／その／あの－は誰の－ですか 7）この／その／あの－は誰のですか
	3 帰り道	8）－の－に－があります／います 9）－は－にあります／います 10）－は－があります／ありません／います／いません（所有・イベント）
3課 毎日の生活(1)	1 支援教室	1）－を－ます 2）－と－を－ます 3）－で－を－ます 4）－に／へ行きます／来ます／帰ります
	2 支援教室	5）－に－ます
4課 毎日の生活(2)	1 国際教室	1）－ました／－ませんでした
	2 休み時間	2）－に乗ります 3）－で－ます 4）－に－ます
	3 教室	5）－ましょう 6）－ませんか

課（トピック）	本文会話（場面）	文　型
5課 学校生活(1)	1 休み時間	1) ーい 2) どんなー
	2 理科室	3) ーな 4) ーじゃないです
	3 教室	5) ーが上手／下手／得意／苦手です 6) ーです。そして、ーです／ーですが、ーです 7) ーにー回
6課 学校生活(2)	1 授業中	1) ーてください
	2 授業中	2) ーています① 3) ーています②
	3 授業中	4) ーてから、ー 5) ーて、ー
	4 休み時間	6) ーくて／で、ー
7課 部活	1 昼休み	1) ー（の中）でーがいちばんーです 2) いつも／よく／ときどき／あまり／全然
	2 昼休み	3) ーたいです 4) AはBよりーです 5) AとBとどちら／どっちがーですか 　……Aのほうが（Bより）ーです
	3 休み時間	6) ーかったです／ーくなかったです 7) ーでした／ーじゃなかったです
8課 テストの準備	1 教室	1) ーへ／にーに行きます／来ます／帰ります
	2 図書室	2) もうーました／まだーていません 3) ーないでください
	3 図書室	4) ーておきます

課（トピック）	本文会話（場面）	文　型
9課 外出	1 お店	1）ーそうです（見たとき） 2）私はーがほしいです
	2 ハンバーガーショップ	3）[動詞]＋すぎます 4）[形容詞]＋すぎます 5）助数詞
	3 ハンバーガーショップ	6）ーはーがーです
10課 学校行事	1 支援教室	1）ーたり、ーたりする
	2 音楽室	2）ーのが 3）ーたことがあります
	3 国際教室	4）ーのを
11課 病気欠席	1 教室／保健室	1）ーて／でもいいです 2）ーので
	2 病院	3）ーて／ではいけません
	3 欠席の連絡・支援教室	4）どうしてーんですか……ーんです
12課 夏休みの予定	1 国際教室	1）ーかどうか 2）ーか
	2 授業中	3）ー（よ）うと思っています 4）ーて／でみる 5）ーとき
13課 夏休みの一日	1 夏祭り	1）友だち言葉
	2 夏祭りの帰り道	2）ーから（理由） 3）ーって／と言っていました
14課 遠足・修学旅行	1 教室	1）ーたら／ーなかったら① 2）ーたら②
	2 教室	3）ーて／でも
	3 教室	4）ーく／に＋[動詞]

課（トピック）	本文会話（場面）	文　型
15課 職場体験	1 ホームルーム	1) －なくてもいいです 2) －ながら
	2 ホームルーム	3) －そうです（聞いたとき）
	3 ホームルーム	4) －までに
	4 チェくんの家	5) －なさい
16課 トラブル	1 王さんの家	1) －に－（ら）れます① 2) －に－（ら）れます② 3) －ほうがいいです
	2 王さんの家	4) －前に／－あとで
17課 文化祭	1 ホームルーム	1) －ができます 2) －ことができます 3) 可能形
	2 教室	4) 聞こえる、見える（無意志的な動作）
	3 文化祭の日・教室	5) 名詞修飾 6) －く／に＋なる 7) [動詞の可能形]＋ようになります 8) －は－ことです
18課 卒業式	1 卒業式のあと	1) －は－に－をもらいます 2) －は私／ぼくに－をくれます
	2 卒業式の日・国際教室	3) －は（－に）－てあげます／くれます 4) －は－に－てもらいます 5) －ために

0課 教室の言葉

1課 初めまして

1 朝のホームルーム

王さん：初めまして。私は王雪です。
中国人です。14才です。
どうぞよろしくお願いします。

1) －は－です

練習 言いましょう。それから書きましょう。
国際教室 →別冊3ページ（この本の主な登場人物）

王さん
私は中国人です。

チェくん
ぼくは1_____です。

アンさん
2_____は_____です。

ポンくん
3_____。

あなた
_____。

王さん
私はじゅうよんさい（14才）です。　→別冊4ページ・練習シートあり

チェくん
ぼくは4_____（____才）です。

2) 何才ですか

練習 言いましょう。それから書きましょう。
国際教室

3）-の-

練習1 言いましょう。それから書きましょう。

国際教室

王さんの国はどこですか。 — 中国です。
田中くん　王さん

1_____のは_____どこですか。　2_____です。
田中くん　エルダさん

ポンくん3_____。　4_____。
田中くん　ポンくん

あなたの国はどこですか。　_____。
田中くん　あなた

練習2 言いましょう。それから書きましょう。

田中くんの家はどこですか。 — 横浜です。
王さん　田中くん

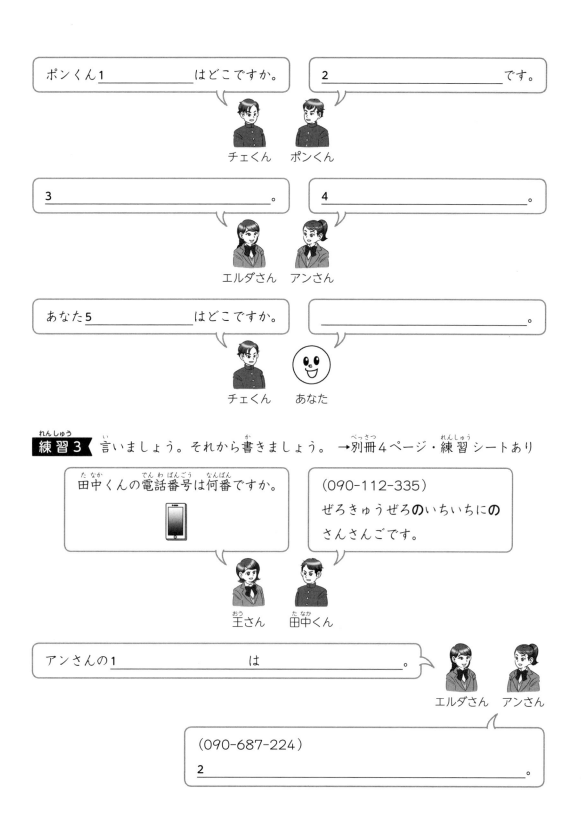

3＿＿＿＿＿＿＿＿＿＿＿＿＿＿＿＿＿＿＿＿＿。

ポンくん　チェくん

（080-391-157）
4＿＿＿＿＿＿＿＿＿＿＿＿＿＿＿＿＿＿＿＿＿。

エルダさん：あなたの電話番号は何番ですか。

＿＿＿＿＿＿＿＿＿＿＿＿＿＿＿＿＿＿＿＿＿。
あなた

4）－も－です

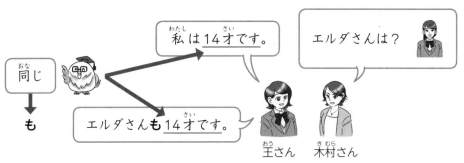

私は14才です。
エルダさんは？
同じ
↓
も
エルダさんも14才です。
王さん　木村さん

練習　言いましょう。それから書きましょう。

支援教室

王さん　　：チェくんは1＿＿＿＿＿才です。
木村さん：アンさんは？
王さん　　：2＿＿＿＿＿＿＿も＿＿＿＿＿才です。

王さん　　：ポンくんは3＿＿＿＿＿年生です。
木村さん：田中くんは？
王さん　　：4＿＿＿＿＿＿＿も＿＿＿＿＿＿＿です。

王さん　　：田中くんの家は5_____です。
木村さん：チェくんの家は？
王さん　　：6_____です。

5）－は－じゃないです

練習　言いましょう。それから書きましょう。
支援教室
王さん　　：初めまして。王雪です。
木村さん：王さんは2年生ですね。
王さん　　：あ、1_____。3年生です。
木村さん：みんな、家は関内ですか。
ポンくん・王さん：はい、関内です。
アンさん：あ、私の家は2_____。石川町です。

2　休み時間

チェくん：王さんはスポーツが好きですか。
王さん　　：う～ん……スポーツは好きじゃないです。チェくんは？
チェくん：ぼくはとても好きです。じゃ、王さんは何が好きですか。
王さん　　：アニメが好きです。
チェくん：ぼくもアニメが好きですよ。
　　　　　　どんなアニメが好きですか。
王さん　　：「ワンピース」が好きです。
チェくん：あ、ぼくも「ワンピース」が好きです！

6）―は―が好きです

練習 言いましょう。それから書きましょう。
休み時間

王さん：私はケーキが好きです。田中くんは？
田中くん：ぼくはラーメンが好きです。

食べ物
おにぎり　パン　サンドイッチ　ハンバーガー
お弁当　ラーメン　おかし　ケーキ

飲み物
王さん：私はジュースが好きです。あなたは？
あなた：＿＿＿＿＿＿＿＿＿＿＿＿＿＿＿。

ジュース　コーラ　牛乳　水

教科
王さん：私は英語が好きです。あなたは？
あなた：＿＿＿＿＿＿＿＿＿＿＿＿＿＿＿。

国語　英語　数学　理科　社会　美術　音楽　保健・体育　技術・家庭

スポーツ

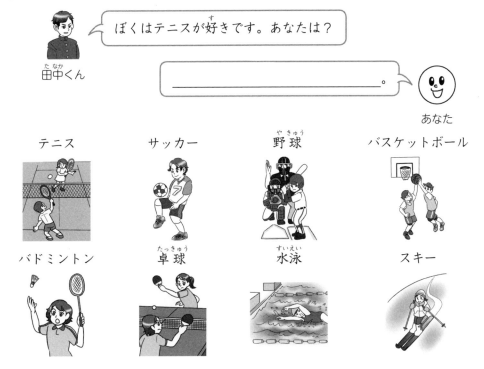

ぼくはテニスが好きです。あなたは？

田中くん

あなた

テニス　サッカー　野球　バスケットボール

バドミントン　卓球　水泳　スキー

7）－は－が好きですか／好きじゃないです

練習　言いましょう。それから書きましょう。
休み時間

英語、好き？　好き。

チェくん　王さん

チェくん：王さんは英語が好きですか。
王さん　：はい、とても好きです。チェくんは英語が好きですか。
チェくん：いいえ、好きじゃないです。

アンさん：ポンくん 1 [　　　] 数学 [　　　] 好きです [　　　]。
ポンくん：はい、2_____。 3_____。
アンさん：いいえ、4_____。

田中くん　：エルダさんは音楽 5_____。
エルダさん：はい、6_____。 7_____。
田中くん　：はい、8_____。

1課　初めまして　9

8) －はどんな－が好きですか

練習 言いましょう。それから書きましょう。

休み時間

アンさんはどんなアニメが好きですか。　　「ワンピース」が好きです。

ポンくん　アンさん

（あなたは）1 ＿＿＿＿スポーツが＿＿＿＿。　　2 ＿＿＿＿＿＿＿＿＿＿。

ポンくん　あなた

（あなたは）3 ＿＿＿＿食べ物が＿＿＿＿。　　4 ＿＿＿＿＿＿＿＿＿＿。

ポンくん　あなた

自由会話 友だち、先生に聞きましょう。それから書きましょう。

あなた：＿＿＿＿＿＿＿＿は＿＿＿＿＿＿＿＿が好きですか。
（　　　）：＿＿＿＿＿＿＿＿＿＿＿＿＿＿＿＿＿＿。
あなた：＿＿＿＿＿＿＿＿はどんな＿＿＿＿＿＿が好きですか。
（　　　）：＿＿＿＿＿＿＿＿＿＿＿＿＿＿＿＿＿＿。

読み物

自己紹介

初めまして。ぼくはポンサクレック・デーンダーです。タイ人です。15才です。ぼくは歌がとても好きです。日本の歌も好きです。どうぞよろしくお願いします。

読み物クイズ

① ポンくんは何才ですか。_____。

② ポンくんの国はどこですか。_____。

③ ポンくんは日本の歌が好きですか。_____。

読み物の漢字

例　私　[私]（ わたし ）

① (タイ)人　[　　　]（　　　）　　② (15)才　[　　　]（　　　）

③ 歌　　　[　　　]（　　　）　　④ 日本　　[　　　]（　　　）

作文 ▶ 読み物を見て書きましょう。

自己紹介

新しい言葉チェック ✓

1. ひらがな、カタカナで（　）に名詞を書きましょう。

国

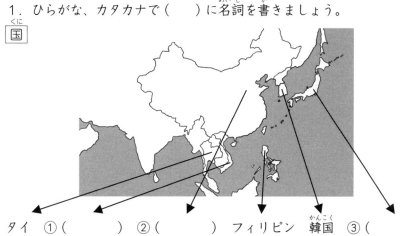

タイ　①（　　　）②（　　　）フィリピン　韓国　③（　　　）

食べ物

④（　　　）⑤（　　　）⑥（　　　）⑦（　　　）

⑧（　　　）⑨（　　　）⑩（　　　）⑪（　　　）

⑫（　　　　　）

⑬（　　　）⑭（　　　）⑮（　　　）⑯（　　　）

⑰（　　　　　）

⑱（　　　）⑲（　　　）⑳（　　　）㉑（　　　）

1課　初めまして

2課 学校とその周辺

1 学校

田中くん：**ここ**は職員室です。**そこ**は保健室です。
王さん　：はい、わかりました。あの、図書室**は**どこですか。
田中くん：図書室？　図書室は**あそこ**です。
王さん　：あの、図書室は何時**から**何時**まで**ですか。
田中くん：図書室は9時から4時までです。
王さん　：そうですか。わかりました。

1）ここ／そこ／あそこはーです

練習　絵を見て言いましょう。それから書きましょう。　→別冊5ページ

学校

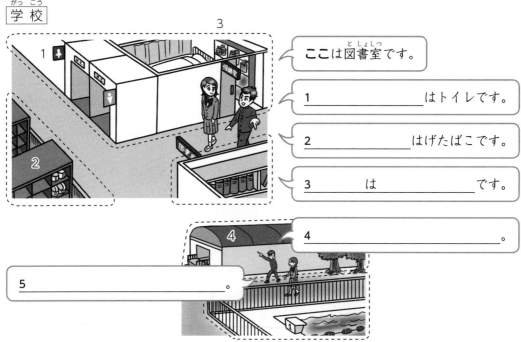

ここは図書室です。

1 _____はトイレです。

2 _____はげたばこです。

3 _____は_____です。

4 _____。

5 _____。

2）-はどこですか

練習 絵を見て言いましょう。それから書きましょう。

町の通り　例　王さん　：本屋はどこですか。
　　　　　　　　田中くん：ここです。

① 王さん　：1＿＿＿＿＿はどこですか。
　 田中くん：2＿＿＿＿＿＿＿＿です。
② 王さん　：病院は3＿＿＿＿＿ですか。
　 田中くん：4＿＿＿＿＿＿＿＿です。
③ 王さん　：5＿＿＿＿は＿＿＿＿＿。
　 田中くん：6＿＿＿＿＿＿＿です。
④ 王さん　：7＿＿＿＿＿＿＿＿。
　 田中くん：8＿＿＿＿＿＿＿＿。
⑤ 王さん　：9＿＿＿＿＿＿＿＿。
　 田中くん：10＿＿＿＿＿＿＿。

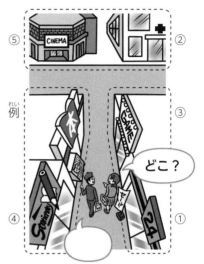

3）-は-から-までです

練習 絵を見て言いましょう。それから書きましょう。

→別冊6ページ・練習シートあり

町の通り　例　王さん　：本屋は何時から何時までですか。
　　　　　　　　田中くん：本屋は午前10時から午後8時半までです。

① 王さん　：1＿＿＿＿＿＿は何時から何時までですか。
　 田中くん：2＿＿＿は＿＿＿から＿＿＿までです。
② 王さん　：学校は3＿＿＿＿から＿＿＿までですか。
　 田中くん：4＿＿＿＿は＿＿＿＿＿＿＿＿＿。
③ 王さん　：5＿＿＿＿＿＿＿＿＿＿＿＿＿。
　 田中くん：6＿＿＿＿＿＿＿＿＿＿＿＿＿。

例　AM10:00～PM8:30　①AM10:00～PM11:30　②AM8:20～PM3:50　③AM9:00～PM10:00

2課　学校とその周辺

2 文房具店

王さん　　：**これ**は何ですか。
田中くん：**それ**は消しゴムです。
王さん　　：え？　消しゴムですか。
　　　　　　わあ、**この消しゴム**はいくらですか。
田中くん：150円です。
王さん　　：そうですか。すみません、これをください。
店員　　　：はい。ありがとうございます。

4）これ／それ／あれは－です

練習　絵を見て言いましょう。それから書きましょう。　→別冊5ページ

文房具店

例　王さん　　：**これ**は何ですか。
　　田中くん：**それ**は 定規です。

① 王さん　　：1＿＿＿＿＿＿＿＿＿は何ですか。
　 田中くん：2＿＿＿＿＿＿＿＿＿は消しゴムです。
② 王さん　　：3＿＿＿＿＿＿＿は＿＿＿＿＿＿＿ですか。
　 田中くん：4＿＿＿＿＿＿＿は＿＿＿＿＿＿＿です。
③ 王さん　　：5＿＿＿＿＿＿＿＿＿＿＿＿＿＿＿＿＿＿＿。
　 田中くん：6＿＿＿＿＿＿＿＿＿＿＿＿＿＿＿＿＿＿＿。
④ 王さん　　：7＿＿＿＿＿＿＿＿＿＿＿＿＿＿＿＿＿＿＿。
　 田中くん：8＿＿＿＿＿＿＿＿＿＿＿＿＿＿＿＿＿＿＿。

5）この／その／あの－はいくらですか

練習　絵を見て言いましょう。
　　　　それから書きましょう。
　　　　→別冊6ページ・練習シートあり

フリーマーケット

例　客　　：この 水筒 はいくらですか。
　　店員：せんさんびゃく円です。
① 客　　：1＿＿＿＿＿ くつ はいくらですか。
　 店員：2＿＿＿＿＿＿＿＿円です。
② 客　　：3＿＿＿＿＿ Tシャツ は＿＿＿＿＿ですか。
　 店員：4＿＿＿＿＿＿＿＿＿＿＿＿＿＿。
③ 客　　：5＿＿＿＿＿＿＿は＿＿＿＿＿＿＿。
　 店員：6＿＿＿＿＿＿＿＿＿＿＿＿＿＿。

6）この／その／あの－は誰の－ですか

練習 絵を見て言いましょう。それから書きましょう。

国際教室 　例　エルダさん：あの ノート は誰の ノート ですか。
　　　　　　　　アンさん　：田中くんの ノート です。

① エルダさん：1_____ 定規 は誰の
　　　　　　　　_____ですか。
　　アンさん　：2_____
　　　　　　　　 定規 です。

② エルダさん：3_____ は _____
　　　　　　　　_____ですか。
　　アンさん　：4_____
　　　　　　　　_____です。

③ エルダさん：5_____ は
　　　　　　　　_____ですか。
　　アンさん　：6_____です。

④ エルダさん：7_____。
　　アンさん　：8_____。

7）この／その／あの－は誰のですか

練習 絵を見て言いましょう。それから書きましょう。

国際教室
例　エルダさん：あの ノート は誰のですか。
　　アンさん　：田中くんのです。

① エルダさん：この消しゴムは1_____ですか。
　　アンさん　：2_____です。

② エルダさん：3_____ は _____。
　　アンさん　：4_____。

③ エルダさん：5_____。
　　アンさん　：6_____。

3 帰り道

王さん ：あ、あそこの公園にネコがいます！
　　　　　かわいい！
田中くん：王さんはネコが好きですか。
王さん ：はい。
田中くん：そうですか。ぼくは犬が好きです。
　　　　　うちに犬がいます。かわいいですよ。

8）－の－に－があります／います

テーブルの 上 にジュースが あります 。（物：あります）
テーブルの 下 に女の子が います 。（生物：います）

_____の［上／下／中／前…］に_____があります／います

→別冊7ページ

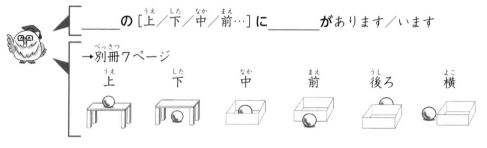

上　下　中　前　後ろ　横

練習　絵を見て言いましょう。
　　　　それから書きましょう。

王さんの家の前

王さん ：私の家はここです。
田中くん：そうですか。
　　　　　あの、王さんの部屋に何がありますか。
王さん ：私の部屋に机とベッドがあります。
　　　　　それから、机の上に時計があります。
　　　　　机の1_____にいすが_____。
　　　　　　　 2_____にいつもネコが_____。
田中くん：そうですか。ネコはかわいいですか。
王さん ：はい。

国際教室

転入生：みんなの名前がわかりません。
王さん：そうですか。あの人は田中くんです。
転入生：はい。
王さん：田中くんの前にポンくんがいます。
　　　　田中くんの3_____にチェくんが_____。
　　　　田中くんの横に4_____。
　　　　エルダさんの5_____にアンさんが_____。
転入生：ありがとう。

9）ーはーにあります／います

練習 絵を見て言いましょう。それから書きましょう。

掃除の時間

転入生：ほうきはどこにありますか。
王さん：ほうきはロッカー（の中）にあります。
転入生：ごみ箱は1_____にありますか。
王さん：2_____は_____
　　　　にあります。
転入生：ぞうきんは3_____。
王さん：ぞうきんは4_____。
転入生：小林先生は5_____。
王さん：6_____。

10）ーはーがあります／ありません／います／いません（所有・イベント）

練習 言いましょう。それから書きましょう。

放課後

王さん　：田中くんは兄弟がいますか。
田中くん：はい、弟がいます。
王さん　：アンさんは兄弟が1_____。

アンさん：はい、私は 2_____。王さんは？
王さん　：私は 3_____。一人っ子です。

チェくん：今日、部活が 4_____。
田中くん：はい、5_____。チェくんは？
チェくん：ぼくは 6_____。帰ります。

自由会話
王さんと話しましょう。それから書きましょう。

あなたは兄弟がいますか。

_____。

そうですか。あなたのうちに犬やネコがいますか。

_____。

そうですか。あなたのうちに何がありますか。

_____。

読み物

ぼくの町

　ぼくの家は横浜にあります。横浜はたくさん人がいます。
　建物もたくさんあります。デパート、映画館、ゲームセンターなどです。
　横浜はラーメン屋もたくさんあります。ぼくはラーメンが好きです。
　横浜駅の近くにおいしいラーメン屋があります。名前は「一楽らーめん」です。

田中健太

2課　学校とその周辺

読み物クイズ

①横浜に誰の家がありますか。＿＿＿＿＿＿＿＿＿＿＿＿＿＿＿＿＿＿＿＿＿。
②横浜はたくさん人がいますか。＿＿＿＿＿＿＿＿＿＿＿＿＿＿＿＿＿＿＿＿＿。
③「一楽らーめん」はどこにありますか。＿＿＿＿＿＿＿＿＿＿＿＿＿＿＿＿＿。

 読み物の漢字　例　私　[　私　]（　わたし　）

①家　　　[　　　　]（　　　　　　）　②好き　[　　　　　]（　　　　　　）
③近く　　[　　　　]（　　　　　　）　④名前　[　　　　　]（　　　　　　）

作文　「あります」「います」を使いましょう。

私／ぼくの町

1. ひらがな、カタカナで（　）に名詞を書きましょう。

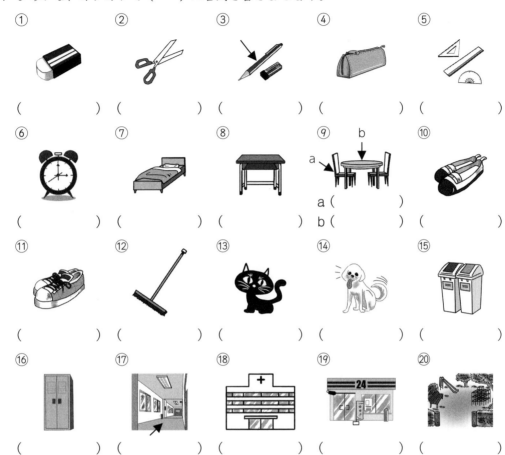

2. 〇ですか、×ですか。

あそこは ｢本屋①（　）です。
　　　　　病院②（　）
　　　　　数学③（　）｣

あれは ｢10時④（　）です。
　　　　定規⑤（　）
　　　　ネコ⑥（　）｣

学校に ｢プール⑦（　）がいます。
　　　　犬⑧（　）
　　　　先生⑨（　）｣

あの ｢水筒⑩（　）は私のです。
　　　かばん⑪（　）
　　　野球⑫（　）｣

3課 毎日の生活 (1)

1 支援教室

木村さん：王さん、毎朝何を食べますか。
王さん　：パンとバナナを食べます。
木村さん：チェくんは？
チェくん：ぼくは朝ご飯を食べません。
木村さん：そうですか。
チェくん：でも、牛乳を飲みます。
　　　　　ぼくは牛乳が好きです。

1) －を－ます

朝、何をしますか。

水を飲みます　顔を洗います　朝ご飯を食べます　歯をみがきます

日曜日、何をしますか。

ゲームをします　本を読みます　テレビを見ます　部屋を掃除します

今晩、まんがを読みますか。　　いいえ、読みません。

練習 絵を見て言いましょう。それから書きましょう。

→別冊7ページ・練習シートあり

支援教室

木村さん　：チェくん、日曜日の朝、何をしますか。
チェくん　：音楽[を]聞きます。
木村さん　：そうですか。
　　　　　　エルダさんは、日曜日の朝、何をしますか。
エルダさん：部屋[を] 1_____。
木村さん　：ポンくんは？
ポンくん　：2 本[　　]_____。
木村さん　：アンさんは？
アンさん　：3 _____[　　]_____。
木村さん　：あなたは？
あなた　　：_____。

チェ

エルダ

ポン

アン

- -

木村さん：ポンくんは、今日の午後、日本語を勉強しますか。
ポンくん：いいえ、4_____。
木村さん：ポンくんはまんがが好きですね。
　　　　　毎日、まんがを読みますか。
ポンくん：はい、毎日、5_____。

2）－と－を－ます

誰と朝ご飯を食べますか。

お母さんと朝ご飯を食べます。

ここは「人」！

練習 絵を見て言いましょう。それから書きましょう。

支援教室

木村さん：チェくん、誰と昼ご飯を食べますか。

チェくん：アンさん[と]食べます。

木村さん：王さんは？

王さん　：1_____[と]_____[と]食べます。

木村さん：いいですね。

田中くん：ぼくは映画が好きです。毎日、映画のDVDを見ます。

木村さん：そうですか。ひとりで見ますか。　＊ひとりで：by oneself, 独自, solo

田中くん：いいえ、2_____[　]見ます。

王さん　：私も、毎日、映画のDVDを見ます。

木村さん：王さんは誰と見ますか。

王さん　：私は3_____見ます。

3）－で－を－ます

 うちで日本語を話しますか。

 はい、話します。

練習1 絵を見て言いましょう。それから書きましょう。

支援教室

木村さん　：チェくん、うち[で]日本語を勉強しますか。

チェくん　：はい、勉強します。

木村さん　：ポンくんはうちで日本語を勉強しますか。

ポンくん　：はい、うちで1_____。

木村さん　：エルダさんは？

エルダさん：私は2図書館[　]_____。

木村さん　：王さんは本が好きですか。

王さん　　：はい。私は本が好きです。
木村さん　：日本語の本を読みますか。
王さん　　：はい。毎日、3_____[で]_____。
木村さん　：あなたは？
あなた　　：_____。

田中くん、今日、何をしますか。

店[で] 友だち[と] ハンバーガーを食べます。

「どこで？」　公園　店　うち　教室

「誰と？」　友だち　先生　ポンくん

練習2 絵を見て言いましょう。それから書きましょう。

[放課後]

アンさん　　：王さんは、今日、何をしますか。
王さん　　　：公園で田中くん[と]話します。
アンさん　　：チェくんは？
チェくん　　：うちで1友だち[　　]_____。
アンさん　　：ポンくんは？
ポンくん　　：2_____[　　]友だち[　　]サッカーをします。
アンさん　　：エルダさんは？
エルダさん　：3うち[　　]_____[　　]犬を洗います。
アンさん　　：あなたは？
あなた　　　：_____。

お母さん　エルダ

3課　毎日の生活 (1)

4）ーに／へ行きます／来ます／帰ります

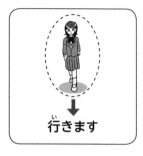
行きます

来ます

うちに帰ります　国に帰ります

夏休み、どこに行きますか。

海に行きます。

中国のおばあちゃんが日本に来ますか。

はい、日本に来ます。

「学校に　行きます」
「学校へ　行きます」
「学校に」＝「学校へ」

学校

練習 絵を見て言いましょう。それから書きましょう。

[放課後]

王さん　　　：夏休み、田中くんはどこ[に]行きますか。
田中くん　　：ぼくはディズニーランド[に]行きます。
王さん　　　：へえ。エルダさんは？
エルダさん　：私は、お父さんとお母さんと1北海道[　　　]。
王さん　　　：ポンくんは？
ポンくん　　：ぼくは、どこも行きません。

＊どこも行きません（ない）：go nowhere, 哪里也不去, no ir a ningún sitio

アンさん：あした、おじいちゃんとおばあちゃんがうち [に] 2_____。

王さん　：へえ。楽しみですね。
アンさん：はい。

王さん　：アンさん、うち [に] 3_____か。

アンさん：いいえ、テニス部の練習があります。
　　　　　王さんは、4 うち [　　　]_____か。
王さん　：はい。じゃ、さようなら。

小林先生：王さん、さようなら。
王さん　：小林先生、さようなら。
　　　　　夕方、中国からおじいちゃんとおばあちゃんが 5_____。
　　　　　おじいちゃんとおばあちゃんと晩ご飯を食べます。
　　　　　6 レストラン [　　　]_____。

小林先生：楽しみですね。

2 支援教室

王雪です。「私の一日」を話します。
私は、毎日、6時に起きます。朝ご飯を食べます。朝ご飯はパンとバナナです。
そして、7時半に学校に行きます。5時にうちに帰ります。6時に晩ご飯を食べます。
それから、8時から9時まで部屋で宿題をします。10時ごろ寝ます。

5）－に－ます

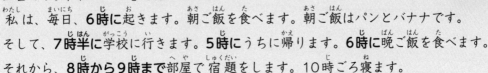

6時に起きます。

12月16日に病院に行きます。
→別冊9ページ・練習シートあり

日曜日にサッカーをします。

3課　毎日の生活（1）

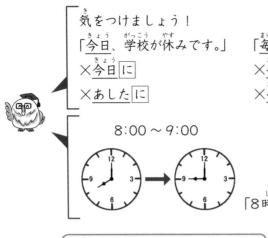

気をつけましょう！
「今日、学校が休みです。」　「毎日、ゲームします。」
×今日に　　　　　　　　×毎日に
×あしたに　　　　　　　×毎週に

8:00～9:00

「8時から9時まで宿題をします。」

ポンくんは何時に起きますか。　7時に起きます。

何時から何時まで宿題をしますか。

8時半から9時まで宿題をします。

練習　「ポンの一日」を見て言いましょう。それから書きましょう。

△「17時半にうちに帰ります」
○「5時半にうちに帰ります」　← 話すときは、こちらのほうがいいです。

　　　7時に起きます　　　　　。

1 _____ 。
2 _____ 。
3 _____ 。
4 _____ 。
5 _____ 。
6 _____ 。
7 _____ 。
8 _____ 。
9 _____ 。

ポンの一日

7:00	起きます
7:15	朝ご飯を食べます
7:30	学校に行きます
9:00～16:00	勉強します
17:30	うちに帰ります
18:15	晩ご飯を食べます
19:00	おふろに入ります
20:00～21:00	宿題をします
21:30	歯をみがきます
22:00	寝ます

自由会話 王さんと話しましょう。それから、書きましょう。

王さん：あなたは休み時間に誰と話しますか。

あなた：＿＿＿＿＿＿＿＿＿＿＿＿＿＿＿＿＿＿＿＿＿＿＿＿＿＿＿＿＿＿＿＿＿＿＿＿＿。

王さん：そうですか。昼ご飯は何を食べますか。

あなた：＿＿＿＿＿＿＿＿＿＿＿＿＿＿＿＿＿＿＿＿＿＿＿＿＿＿＿＿＿＿＿＿＿＿＿＿＿。

王さん：どこで日本語を勉強しますか。

あなた：＿＿＿＿＿＿＿＿＿＿＿＿＿＿＿＿＿＿＿＿＿＿＿＿＿＿＿＿＿＿＿＿＿＿＿＿＿。

王さん：そうですか。今晩、日本語を勉強しますか。

あなた：＿＿＿＿＿＿＿＿＿＿＿＿＿＿＿＿＿＿＿＿＿＿＿＿＿＿＿＿＿＿＿＿＿＿＿＿＿。

王さん：毎日、何時にうちに帰りますか。

あなた：＿＿＿＿＿＿＿＿＿＿＿＿＿＿＿＿＿＿＿＿＿＿＿＿＿＿＿＿＿＿＿＿＿＿＿＿＿。

読み物

私の一日

私は、いつも6時半に起きます。朝ご飯を食べます。朝ご飯はパンと牛乳です。そして、7時に公園に行きます。公園でダンスの練習をします。それから学校に行きます。学校で4時まで勉強します。5時にうちに帰ります。それから、8時半から9時まで宿題をします。9時半に寝ます。

エルダ・クルーズ

読み物クイズ

① エルダさんの朝ご飯は何ですか。　＿＿＿＿＿＿＿＿＿＿＿＿＿＿＿＿＿＿＿。
② エルダさんは公園で何をしますか。　＿＿＿＿＿＿＿＿＿＿＿＿＿＿＿＿＿＿＿。
③ エルダさんは何時から何時まで宿題をしますか。　＿＿＿＿＿＿＿＿＿＿＿＿＿。
④ エルダさんは何時に寝ますか。　＿＿＿＿＿＿＿＿＿＿＿＿＿＿＿＿＿＿＿＿＿。

3課　毎日の生活 (1)

読み物の漢字　例　私　[私]（ わたし ）

①起きる　[　　　]（　　　　）　②行く　　　[　　　]（　　　　）
③学校　　[　　　]（　　　　）　④勉強する　[　　　]（　　　　）
⑤帰る　　[　　　]（　　　　）　⑥宿題　　　[　　　]（　　　　）

作文

- 何時に起きますか。
- 何をしますか。
- どこでしますか。誰としますか。

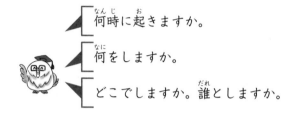

私／ぼくの一日

新しい言葉チェック

1. ひらがな、カタカナで（　）に名詞を書きましょう。＿＿に動詞を書きましょう。

例　　　＿おきます＿

① （　　　　　）を ＿＿＿＿＿＿＿

② （ ぎゅうにゅう ）を ＿＿＿＿＿＿＿

③ （　　　　　）を ＿＿＿＿＿＿＿

④ （　　　　　）を ＿＿＿＿＿＿＿

⑤ （　　　　　）を ＿＿＿＿＿＿＿

⑥ （ きょうしつ ）を ＿＿＿＿＿＿＿

⑦ （　　　　　）を ＿＿＿＿＿＿＿

⑧ （ ともだち ）と ＿＿＿＿＿＿＿

⑨ （　　　　　）に ＿＿＿＿＿＿＿

⑩ ＿＿＿＿＿＿＿

⑪ （　　　　　）を ＿＿＿＿＿＿＿

⑫ （ がっこう ）で ＿＿＿＿＿＿＿

⑬ （　　　　　）に ＿＿＿＿＿＿＿

3課　毎日の生活（1）　33

4課 毎日の生活 (2)

1 国際教室

アンさん：おはよう。
王さん　：おはよう。
　　　　　1時間目は体育ですね。朝ご飯を食べましたか。
アンさん：はい。サンドイッチを食べました。
王さん　：へえ。牛乳を飲みましたか。
アンさん：いいえ、飲みませんでした。
　　　　　牛乳はきらいです。
王さん　：そうですか。

1) －ました／－ませんでした

過去のことを話します。
「去年、日本に来ました。」
「先週、北海道に行きました。」
「きのう、おふろに入りませんでした。」
「今朝、顔を洗いませんでした。」

朝ご飯を食べましたか。

はい、食べました。

いいえ、食べませんでした。

練習 言いましょう。それから書きましょう。
　　　　　　　　　　　→別冊10ページ・練習シートあり

休み時間
田中くん：チェくん、おはよう。
　　　　　今日、試験がありますね。きのう、勉強しましたか。
チェくん：いいえ、勉強しませんでした。

チェくん：田中くんは、きのう、勉強しましたか。
田中くん：はい、1_____。

王さん　　：エルダさん、それは何ですか。
エルダさん：図書館の本です。
王さん　　：きのう、図書館に2_____か。
エルダさん：はい、3_____。
王さん　　：その本を借りましたか。
エルダさん：いいえ。この本は1週間前に4_____。

国際教室
小林先生：王さん、きのう、本屋にいましたね。
　　　　　本を5_____か。
王さん　：はい、日本の歴史の本を6_____。
小林先生：そうですか。田中くんも本屋にいましたか。
田中くん：いいえ、7_____。
　　　　　きのう、王さんと帰りませんでした。
　　　　　　　　⋮
小林先生：あれ？12時5分です！
　　　　　12時にチャイムが8_____。
王さん　：はい、9_____。

アンさんのうち
アンさんのお母さん：王さん、いらっしゃい。
王さん　　　　　　：こんにちは！（ハアハア）疲れました〜。
アンさんのお母さん：王さん、ここまで10_____。
王さん　　　　　　：はい。
アンさんのお母さん：どこからですか。
王さん　　　　　　：駅からです！

4課　毎日の生活（2）　35

2 休み時間

ポンくん：王さん、日曜日に何をしましたか。
王さん　：お父さんとお母さんとデパートに行きました。
　　　　　駅からデパートまで無料のバス**に乗りました**。
ポンくん：デパートで何を買いましたか。
王さん　：おばあちゃんのかばんを買いました。
　　　　　誕生日におばあちゃん**にあげます**。
ポンくん：へえ。
王さん　：ポンくんは日曜日に何をしましたか。
ポンくん：**自転車で**海に行きました。
王さん　：へえ！

2）－に乗ります

チェくん、おはよう。……えっ!?

きのう、病院に行きました。
初めて、タクシー に 乗りました。

練習　絵を見て言いましょう。それから書きましょう。

支援教室

木村さん：アンさん、うちからここまで何分ですか。
アンさん：25分です。
木村さん：歩きますか。
アンさん：いいえ、1バス［に］_____。

木村さん：あしたは休みですね。何をしますか。
ポンくん：ぼくは、海の公園に行きます。
　　　　　新杉田駅から海の公園の駅まで2_____［に］乗ります。

木村さん：アンさんは？
アンさん：お父さんと大阪に行きます。
木村さん：3新幹線［　　　　］_____か。

アンさん：いいえ、4_____[　　]_____ません。

　　　　　5_____[　　]乗ります。

3）－で－ます

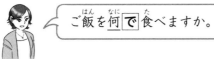

ご飯を何で食べますか。

スプーンで食べます。

練習 言いましょう。それから書きましょう。

支援教室

木村さん：チェくん、韓国の人はご飯を何で食べますか。

チェくん：スプーンで食べます。

木村さん：じゃ、おかずは何で食べますか。

チェくん：1_____[　　]_____。

木村さん　　：エルダさんはここまで何で来ますか。

エルダさん：2_____[　　]来ます。

木村さん　　：王さんは？

王さん　　　：私は3_____[　　]来ます。

田中くん　　：ぼくは歩いて来ます。

田中くん　王さん　エルダさん

4課　毎日の生活（2）

4）－に－ます

ここは「人」です！

「先生にあいさつします。」

「お母さんに花をあげます。」

「お母さんに電話します。」

「友だちに会います。」

練習 言いましょう。それから書きましょう。

[放課後]

王さん　　：それ、まんがですね。
田中くん　：はい、ポンくんのまんがです。
　　　　　　今日、ポンくん[に]返します。
王さん　　：今日、ポンくんは休みですよ。
田中くん　：そうですか……。
　　　　　　じゃ、今夜、1＿＿＿＿＿＿＿＿＿＿＿[　　　]電話します。

王さん　　：ねえ、アンさん、去年のバレンタインデーにチョコレートをあげましたか。
アンさん　：はい、2＿＿＿＿＿＿＿＿＿＿＿＿。
王さん　　：誰に？
アンさん　：3＿＿＿＿＿＿＿＿＿＿[　　　]あげました！

支援教室

王さん　：雨ですね……。傘を忘れました。
木村さん：王さん、傘を貸しますよ。
王さん　：ありがとうございます。
　　　　　あした、4_____。

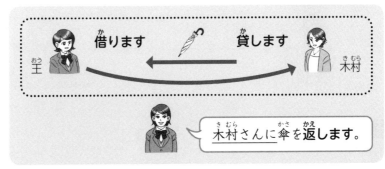

帰り道

エルダさん：王さん、きのうスーパーで王さんのお母さん5[　　　]_____。
王さん　　：そうですか。
エルダさん：王さんのお母さんはいつもきれいですね。

3　教室

先生　：チャイムが鳴りましたね。授業を終わりましょう。
　　　　じゃ、みなさん、掃除しましょう。
みんな：はい。
　　　　　　　：
先生　：さようなら、みなさん。またあした。
みんな：さようなら、先生。

田中くん：王さん、いっしょに帰りませんか。
王さん　：田中くん、テニス部の練習は？
田中くん：ありません。
王さん　：じゃ、図書館へ行きませんか。
田中くん：行きましょう。

4課　毎日の生活（2）　39

5) −ましょう

「−ましょう」は、先生がよく言います！
「始めましょう」「調べましょう」「考えましょう」
→別冊10ページ

　調べましょう。　はい。

練習 言いましょう。それから書きましょう。

国際教室

エルダさん：先生！ この漢字がわかりません。
小林先生：じゃあ、漢字字典で調べましょう。

国語の時間

国語の先生：きのう、球技大会でしたね。
　　　　　　球技大会の作文を1_____。

みんな：はい。

英語の時間

ポンくん：先生、教科書を忘れました。
英語の先生：大丈夫ですよ。今日は教科書を使いません。
ポンくん：よかったです。
英語の先生：みなさん、今日は英語の歌を2_____。

掃除の時間

先生：チェくん、アンさん、掃除の時間ですよ。
　　　みんなと3_____。
チェくん・アンさん：はい。
　　　　：

先生

先生　：掃除の時間は終わりです。

　　　　みなさん、ほうきとぞうきんを4＿＿＿＿＿＿＿＿＿＿＿＿＿＿。

みんな：はい！　片づけます！

「－ましょう」は、二つあります。
- 指示　instruction, 指示、命令、吩咐, instrucción, orden
- 同意　agreement, 赞成、同意, asentimiento, estar de acuerdo

6）－ませんか

「帰りませんか」＝「いっしょに帰りますか。いいですか。」
（誘い　invitation, 劝诱、邀请, invitacíon）
→別冊11ページ

 来週、アンさんの誕生日です。いっしょにプレゼントをあげませんか。

 はい。

練習　言いましょう。それから書きましょう。

帰り道

田中くん：あー、おなかがすきました。

　　　　　コンビニに行きませんか。（誘い　invitation, 劝诱、邀请, invitacíon）

王さん　：はい。行きましょう。（同意　agreement, 赞成、同意, asentimiento, estar de acuerdo）

　　　　　　　　：

田中くん：さっき図書館で何を借りましたか。

王さん　：映画のDVDです。

　　　　　田中くん、うちでいっしょに1＿＿＿＿＿＿＿＿＿＿＿＿＿＿＿。

田中くん：はい！

支援教室

エルダさん：今日、数学の宿題があります。
　　　　　　ポンくん、いっしょに宿題を2_____。

ポンくん　：いいですよ。
　　　　　　　　　　：
エルダさん：終わりました。ポンくんは？
ポンくん　：ぼくも終わりました。
エルダさん：じゃ、いっしょに3_____。
ポンくん　：はい、4～～～～～～～～～～。

帰り道

エルダさん：土曜日、何をしますか。
ポンくん　：うーん……何もしません。　*何もしません：do nothing, 什么也不做, no hacer nada
エルダさん：土曜日に桜木町でアンさんのテニスの試合がありますよ。
　　　　　　いっしょに5_____。
ポンくん　：はい、6～～～～～～～～～～。

自由会話　王さんと話しましょう。それから、書きましょう。

王さん：今朝、何時に起きましたか。

あなた：_____。

王さん：そうですか。朝ご飯を食べましたか。

あなた：_____。

王さん：そうですか。お昼に何を食べますか。私はパンやおにぎりを食べます。

あなた：_____。

王さん：そうですか。ところで、今日、いっしょに帰りませんか。そして、いっしょに
　　　　ゲームをしませんか。

あなた：_____。

読み物

先週のこと

先週、月曜日から土曜日までテニス部の練習がありました。日曜日はありませんでした。日曜日の朝、お母さんと自転車でコンビニに行きました。うちからコンビニまで7分です。コンビニでアイスとチョコレートを買いました。そして、公園でアイスを食べました。それから、お父さんとうちでアニメのDVDを見ました。

田中健太

読み物クイズ

① 田中くんは、いつテニスをしましたか。＿＿＿＿＿＿＿＿＿＿＿＿＿＿＿＿＿＿＿＿。
② 田中くんはうちからコンビニまで何で行きましたか。＿＿＿＿＿＿＿＿＿＿＿＿＿＿。
③ 田中くんは何を買いましたか。＿＿＿＿＿＿＿＿＿＿＿＿＿＿＿＿＿＿＿＿＿＿＿。
④ 田中くんは誰とDVDを見ましたか。＿＿＿＿＿＿＿＿＿＿＿＿＿＿＿＿＿＿＿＿。

読み物の漢字   例 私 [私](わたし)

① 練習　　[　　　](　　　)　　②お母さん　[　　　](　　　)
③ 買う　　[　　　](　　　)　　④食べる　　[　　　](　　　)
⑤ お父さん [　　　](　　　)　　⑥見る　　　[　　　](　　　)

作文

- 誰と行きましたか。
- どこに行きましたか。
- 何をしましたか。

「きのう・先週・先月・去年」→別冊11ページ

(　　　　)のこと

1. ひらがな、カタカナで（　）に名詞を書きましょう。＿＿に動詞を書きましょう。

例　　　　　　　　＿おきます＿　　　　①

②　（　チャイム　）が ＿＿＿＿＿　　③ ＿＿＿＿＿

④　（　　　　　）に ＿＿＿＿＿　　⑤ （　おかあさん　）に（　　　　　）を ＿＿＿＿＿

⑥　（　かんじ　）を ＿＿＿＿＿　　⑦ （　　　　　）に ＿＿＿＿＿

⑧　（　ともだち　）に ＿＿＿＿＿　　⑨ （　ともだち　）に ＿＿＿＿＿

⑩　＿＿＿＿＿　　⑪ （　　　　　）に いきます ＿＿＿＿＿

⑫　（　　　　　）で（　にほん　）に ＿きます＿

⑬　a. 木村さんに（　　）を ＿＿＿＿＿
　　b. 木村さんに（　　）を ＿＿＿＿＿

4課　毎日の生活 (2)

5課 学校生活 (1)

1 休み時間

ポンくん：王さん、何の本ですか。
王さん　：あ、ポンくん。歴史小説です。
ポンくん：へえ。どんな本ですか。
王さん　：中国の昔の話ですよ。中国で人気があります。
　　　　　おもしろい本です。
ポンくん：わあ、漢字がたくさんありますね。王さんはすごいですね。
王さん　：これは中国語の本ですよ。日本語の本は、とても**難しい**です。

1）ーい

着きました。
ここです。

わあ、**大きい**家ですね。

い形容詞＋名詞

練習1　絵を見て言いましょう。それから書きましょう。　→別冊12ページ

田中くんのうち
田中くん：ぼくの家はここです。**小さい**家です。
ポンくん：そうですか。あ、あの1_____ ネコは？
田中くん：となりの家のネコです。となりの家には、2_____ ネコもいます。

──────────────

田中くん：ジュースをどうぞ。
ポンくん：いただきます。3_____ですね。

放課後
エルダさん：王さん、アンさん、帰りませんか。
　　　　　　王さんのかばんは、この4_____ですか。
王さん　　：いいえ、その5_____です。
エルダさん：これですか。どうぞ。

王さん　　：ありがとう。
エルダさん：アンさんのは？
アンさん　：私のは、あの6_____です。

アン→
古い　新しい

手伝います。

い形容詞です。

ありがとう。
とても重いです。
お願いします。

練習2　絵を見て言いましょう。それから書きましょう。

教室

チェくん：うーん、1_____です。
先生　　：よく考えましょう。

職員室

小林先生：朝からとても2_____。
林先生　：私も……。

支援教室

王さん　：あっ、アンさん。クッキーですか。
アンさん：はい。王さんも食べませんか。
　　　　　このクッキーはとても3_____よ。
王さん　：ありがとう。いただきます。

アンさん：チェくん、それは何の本ですか。
チェくん：『コスモ』です。このまんがは4_____よ。
　　　　　アンさんも読みますか。
アンさん：はい。

5課　学校生活（1）　47

公園

アンさん　　：5＿＿＿＿＿＿＿＿＿＿ね。
エルダさん：そうですね。アイスクリームを食べませんか。
アンさん　　：はい、食べましょう。

ポンくんの部屋は広いですか。

いいえ、広くないです。

重いです　⇒　重くないです　　大きいです　⇒　大きくないです
※いいです　⇒　よくないです

練習3　言いましょう。それから書きましょう。→練習シートあり

支援教室

ポンくん　　：先週、引っ越しました。
エルダさん：へえ、そうですか。新しい部屋は広いですか。
ポンくん　　：いいえ、広くないです。狭いです。

....

木村さん：アンさん、その問題は易しいですか。
アンさん：いいえ、1＿＿＿＿＿＿＿＿＿＿です。わかりません。

....

木村さん：王さん、テストはどうですか。
王さん　　：うーん、テストはいつも2＿＿＿＿＿＿＿＿＿＿です。20点くらいです。

....

田中くん：土曜日に王さんと高校の説明会に行きます。
ポンくん：へえ、その学校は新しいですか。
田中くん：いいえ、3＿＿＿＿＿＿＿＿＿＿です。古いです。

2) どんな－

練習 言いましょう。それから書きましょう。

放課後

田中くん：王さん、それは何の本ですか。
王さん　：これですか。歴史小説です。
田中くん：へえ、どんな 本 ですか。
王さん　：日本の昔の話です。
　　　　　とてもおもしろい 本 ですよ。

質問：どんな 本 ？
答え：おもしろい 本 ／
　　　難しい 本 ／易しい 本

チェくん：あれ？ ぼくのさいふがありません。
アンさん：えっ?!　1_____ さいふ ですか。
チェくん：2_____ さいふ です。

黒い

支援教室

エルダさん：木村さん、今日、転入生が来ました。
木村さん　：へえ、そうですか。3_____ ですか。
エルダさん：うーん、わかりません。

2 理科室

先生：これから実験をします。
　　　まず、手を洗いましょう。
　　　それから、**きれいな**ビーカーを、机の上に出しましょう。
　　　今日は、ガスバーナーを使います。
　　　危険です。注意をよく聞きましょう。

　　　　　＊まず：first, 首先, primero, en primer lugar　　それから：then, 然後, luego, además

3）ーな

練習1 絵を見て言いましょう。それから書きましょう。 →別冊12ページ

町

木村さん：ここは私の町です。
王さん　：静かな町ですね。
木村さん：はい、近くに公園があります。そこに行きましょう。
王さん　：わあ、1＿＿＿＿＿＿花ですね。
　　　　　あ、あそこ。2＿＿＿＿＿＿おじいさんとおばあさんがいます。
木村さん：ああ、よく、あの二人に会いますよ。

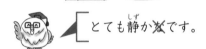

練習2 言いましょう。それから書きましょう。

放課後

アンさん：チェくんの家の近くにコンビニがありますか。
チェくん：はい、コンビニはとても便利ですね。

アンさん：去年初めてこの町に来ました。
　　　　　この町は1＿＿＿＿＿＿＿＿＿＿ですね。
田中くん：はい、いつも人がたくさんいます。

王さん　：日本は地震が多いですね。
田中くん：大きい地震は2＿＿＿＿＿＿＿＿。

電話

先生　　　：どうしましたか。
生徒の母：子どもが帰りません。とても3_____。

4）−じゃないです

アンさんの故郷は、どんな町ですか。

うーん、静かな町です。にぎやか**じゃない**です。

便利です ⇒ 便利**じゃない**です　　きれいです ⇒ きれい**じゃない**です

練習 言いましょう。それから書きましょう。　→別冊13ページ

支援教室

チェくん：王さん、きのうの日曜日、何をしましたか。
王さん　：部屋を掃除しました。
チェくん：へえ、すごいですね。ぼくはいつもしません。
　　　　　だから、ぼくの部屋はきれいじゃないです。

木村さん：アンさんの家はどこですか。
アンさん：石川町です。
木村さん：どんな町ですか。静かですか。
アンさん：いいえ、1_____。いつも人がたくさんいます。

木村さん：チェくん、こんにちは。元気ですか。
チェくん：いいえ、2_____。
　　　　　テストが0点でした。
木村さん：……そうですか。

3 教室

田中くん：部活はどうですか。
ポンくん：楽しいです。みんな、おもしろいです。そして、親切です。
田中くん：へえ。いいですね。
ポンくん：田中くんは、テニス部ですね。テニスが上手ですね。
　　　　　1週間に何回、テニスをしますか。
田中くん：1週間に4回です。

5）－が上手／下手／得意／苦手です

「私は○○が上手です」× ⇔ 「私は○○が下手です」○
「私は○○が得意です」○ ⇔ 「私は○○が苦手です」○
「田中くんは○○が上手です」○ ⇔ 「田中くんは○○が下手です」○

練習 言いましょう。それから書きましょう。

支援教室

ポンくん：今度、田中くんとチェくんとテニスをします。
木村さん：へえ、いいですね。田中くんはテニス部の部員ですか。
ポンくん：はい、そうです。田中くんは、とてもテニス[が]上手です。
木村さん：そうですか。チェくんもテニス部の部員ですか。
ポンくん：いいえ、チェくんは、まんが部の部員です。
木村さん：じゃ、チェくんは1＿＿＿＿＿＿［が］＿＿＿＿＿＿＿＿ね。
ポンくん：はい、とても。

木村さん：エルダさんは、元気ですか。最近、支援教室に来ません……。
ポンくん：元気ですよ。たぶん、毎日ダンスの練習があります。
　　　　　エルダさんはとても2_____［　］_____。
木村さん：へえ。ダンスですか。いいですね。

6) −です。そして、−です／−ですが、−です

王さん、田中くんはどんな人ですか。

田中くんはおもしろいです。**そして**、親切です。

  or

練習1　　□の言葉を使って言いましょう。それから書きましょう。

国際教室

王さん　　　：小林先生の町はどんな町ですか。
小林先生　：ぼくの町は、静かです。【そして】、きれいです。

....

アンさん　　：この近くにはコンビニがたくさんあります。
小林先生　：そうですね。コンビニで買い物をしますか。
アンさん　　：はい。コンビニのお弁当はとても1_____。
　　　　　　　【　　　】、_____。

おいしい　　安い　　便利（な）　　きれい（な）　　静か（な）

5課　学校生活（1）

休みの日

チェくん：おなかがすきました。ご飯を食べませんか。
ポンくん：いいですね。あそこの新しいハンバーガーショップは、どうですか。
チェくん：いいですね。あそこのお店は、2＿＿＿＿＿＿＿＿＿＿。
　　　　　【　　　】、＿＿＿＿＿＿＿＿＿＿。

> おいしい　高い　きれい（な）　静か（な）

王さん、日本語の勉強はどうですか。

難しいですが、おもしろいです。

難しいですが、おもしろいです。　　　おもしろいですが、難しいです。

練習2　☐の言葉を使って言いましょう。それから書きましょう。

支援教室

木村さん　：日本語の勉強はどうですか。
ポンくん　：難しいです【が】、おもしろいです。
木村さん　：漢字の勉強はどうですか。
エルダさん：1＿＿＿＿＿＿＿【　　　】、＿＿＿＿＿＿＿＿＿。
木村さん　：日本の生活はどうですか。
王さん　　：2＿＿＿＿＿＿＿【　　　】、＿＿＿＿＿＿＿＿＿。

> 楽しい　忙しい　難しい　おもしろい　便利（な）　ひま（な）

7) 一に一回

> エルダさんは音楽部の部員ですね。毎日、練習をしますか。

> いいえ、1週間に3回です。

| 日 | 月 | 火 | 水 | 木 | 金 | 土 |
⇐ 1週間
| | ○ | | ○ | | ○ | |
⇐ 3回

「1週間に3回」

○年／○か月／○週間／○日／○時間に ○回

1年に○回＝年○回　1か月に○回＝月○回
1週間に○回＝週○回　とも言うよ。

練習 言いましょう。それからひらがなで書きましょう。

休み時間

王さん　：チェくん、まんが部の活動は毎日ありますか。
チェくん：いいえ、<u>いっしゅうかん</u> [に] <u>　　　</u>回です。

〈まんが部〉
| 日 | 月 | 火 | 水 | 木 | 金 | 土 |
| | ○ | | | ○ | | |

ポンくん：田中くん、テニス部の活動は1週間に何回ありますか。
田中くん：1<u>　　　　　</u>[　]<u>　　　</u>回です。

〈テニス部〉
| 日 | 月 | 火 | 水 | 木 | 金 | 土 |
| ○ | ○ | | ○ | | ○ | ○ |

小林先生：1週間に何回、支援教室に行きますか。
エルダさん：私は2＿＿＿＿＿＿＿［　］＿＿＿＿＿＿行きます。
小林先生：そうですか。がんばりますね。

〈支援教室〉
日　月　火　水　木　金　土
○　　　　○　　　　　　○

昼休み

ポンくん：あれ？ チェくんは昼休みにも歯をみがきますか。
チェくん：はい、ぼくは3＿＿＿＿＿＿＿［　］＿＿＿＿＿、歯をみがきます。
ポンくん：へえ。ぼくは4＿＿＿＿＿＿＿［　］＿＿＿＿＿です。朝と夜です。

チェくん　ポンくん

🔊 自由会話　王さんと話しましょう。それから、書きましょう。

王さん：あなたはどんな科目が得意ですか。
あなた：＿＿＿＿＿＿＿＿＿＿＿＿＿＿＿＿＿＿＿＿＿＿＿＿＿＿＿＿＿＿＿＿＿＿＿＿＿。
王さん：そうですか。日本語はどうですか。
あなた：＿＿＿＿＿＿＿＿＿＿＿＿＿＿＿＿＿＿＿＿＿＿＿＿＿＿＿＿＿＿＿＿＿＿＿＿＿。
王さん：ふうん。1週間に何回、日本語の授業がありますか。
あなた：＿＿＿＿＿＿＿＿＿＿＿＿＿＿＿＿＿＿＿＿＿＿＿＿＿＿＿＿＿＿＿＿＿＿＿＿＿。

読み物

日本の学校生活

日本の学校は楽しいです。家庭科や体育があります。プールにも入ります。
日本語の勉強は、ちょっと大変ですが、おもしろいです。
漢字の読み方はとても難しいです。
今は日本語が下手ですが、毎日勉強します。

王雪

読み物クイズ

①日本の学校で、プールに入りますか。　_____。
②日本語の勉強はどうですか。　_____。
③毎日日本語を勉強しますか。　_____。

読み物の漢字

例　私　[私]（ わたし ）

①楽しい　[　　　]（　　　）　　②体育　[　　　]（　　　）
③入る　　[　　　]（　　　）　　④大変　[　　　]（　　　）
⑤下手　　[　　　]（　　　）　　⑥毎日　[　　　]（　　　）

- 学校はどうですか。
- 何が得意ですか。苦手ですか。
- 学校で何をしますか。

日本の学校生活

1. ひらがな、カタカナで（　）に名詞を書きましょう。＿＿に動詞を書きましょう。

① （　　　　　）を
　　＿＿＿＿＿＿＿＿

② （　そうじ　）を
　　＿＿＿＿＿＿＿＿

③ （　せんせい　）から
　（　ちゅうい　）を
　　＿＿＿＿＿＿＿＿

④ （　　　　　）に
　　＿＿＿＿＿＿＿＿

2. 反対の意味の言葉を線で結びましょう。

いそがしい ・	・ きけん（な）
あたらしい ・	・ ふるい
しずか（な） ・	・ ちいさい
おおきい ・	・ みじかい
あんぜん（な）・	・ ひま（な）
あつい ・	・ つめたい
ながい ・	・ にぎやか（な）
たかい ・	・ わるい
いい ・	・ やすい
むずかしい ・	・ やさしい

6課　学校生活（2）

1　授業中

小林先生：じゃ、今日は教科書124ページからですね。
　　　　　アンさん、124ページの14行目から**読んで**ください。
アンさん：はい。
　　　　　あれ……教科書……わあ……かばんにありません……。
　　　　　チェくん、すみません、教科書を**見せて**ください。
チェくん：いいですよ。

1) －てください

「－てください」＝「お願いします」
例　「読んでください」＝「読みます、お願いします」

読んでください。
はい。

まず、「て形」を覚えてください。　読む⇒読んで
→別冊14ページ参照・練習シートあり

練習　絵を見て言いましょう。それから書きましょう。

授業中

王さん　　　：すみません、消しゴムを<u>貸してください</u>。
田中くん　　：はい、どうぞ。
王さん　　　：ありがとう。
先生　　　　：エルダさん、1_____ください！
エルダさん：すみません！
先生　　　　：チェくん、きのうも宿題をしませんでしたね。
　　　　　　　毎日宿題を2_____ください。
チェくん　　：すみません。今日から毎日ちゃんと宿題をします。

掃除の時間

ポンくん：アンさん、いっしょに帰りませんか。
アンさん：ポンくん、今掃除の時間ですよ。
　　　　　ポンくんは黒板を3＿＿＿＿＿＿＿＿＿＿＿＿。
ポンくん：ええっ！……ぼくは掃除がきらいです。
アンさん：だめですよ！　ちゃんと掃除を4＿＿＿＿＿＿＿＿＿＿＿＿。
ポンくん：は～い。

下校

アンさん　：エルダさん、この写真を5＿＿＿＿＿＿＿＿＿＿。
エルダさん：わあ、かわいい。名前は？
アンさん　：レオです。今度うちに6＿＿＿＿＿＿＿＿＿＿。レオと遊びませんか。
エルダさん：はい！

2 授業中

チェくん　：わあ！　9時～！！……あれ？　おはよう。
エルダさん：おはよう。先生は何をしていますか。
チェくん　：先生は黒板に漢字を書いています。
　　　　　　そして今アンさんが教科書を読んでいます。
エルダさん：じゃ、今、入りましょう。
チェくん　：はい。

2）－ています①

ご飯を食べます　→　ご飯を食べています　→　ご飯を食べました

6課　学校生活（2）

練習 絵を見て言いましょう。それから書きましょう。

昼休み

小林先生：みんな、ちょっと話があります。あれ？ 3人いませんね。

ポンくん：チェくんは今、<u>売店[で]おにぎりを買っています</u>。

小林先生：そうですか。エルダさんは？

ポンくん：エルダさんは1＿＿＿＿＿＿＿＿＿＿[で]＿＿＿＿＿＿＿＿＿います。

小林先生：じゃ、アンさんは？

ポンくん：アンさんは2＿＿＿＿＿＿＿[　　]＿＿＿＿＿＿＿＿＿。

小林先生：え！ 病気ですか。

ポンくん：わかりません。

・・・

転入生：みんなの名前がわかりません。

王さん：じゃ、私が教えます。

転入生：ありがとう。

王さん：あの人はチェくんです。今まんがを3＿＿＿＿＿＿＿います。

あの人はエルダさんです。今4＿＿＿＿＿＿＿＿＿＿＿＿。

あの人はポンくんです。5＿＿＿＿＿＿＿＿＿＿＿＿＿＿。

転入生：わかりました。ありがとう。

3）ーています②

ポンくんはどこに**住んで**いますか。　　ぼくは関内に**住んで**います。

住んでいます、働いています、
アルバイトをしています……などを使います。

練習 言いましょう。それから書きましょう。

支援教室

木村さん　：エルダさんはどこに住んでいますか。

エルダさん：桜木町に住んでいます。

木村さん　：チェくんは?

チェくん　：ぼくは1_____。

木村さん　：あなたは?

あなた　　：_____。

木村さん　：お父さんは何をしていますか。

エルダさん：私の父は中華料理店で2_____。

チェくん　：ぼくの父は会社で3_____。

コンビニ

アンさん　：あれ? あの人、エルダさんのお兄さんですよ。

エルダさん：私の兄はここでアルバイトを4_____。

アンさん　：そうですか。

放課後

王さん　：田中くん、いっしょに公園に行きませんか。

田中くん：ごめんなさい。今日は塾があります。

王さん　：え? 塾ですか。何を5_____。

田中くん：英語です。

3 授業中

小林先生：そこ! 誰ですか。遅刻ですね。

チェくん・エルダさん：すみません。

小林先生：ここへ来てください。……まず前から入って、
　　　　　先生にあいさつしてください。
　　　　　そしてあいさつしてから、自分の席に座ってください。

チェくん・エルダさん：はい、わかりました。すみません。

6課　学校生活（2）

4) －てから、－

あいさつをしてから、自分の席に座ってください。

すみません。

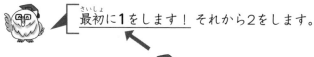

最初に1をします！それから2をします。

重要！ important, 重要, importante

練習 絵を見て言いましょう。それから書きましょう。

登校
王さん　：げたばこでうわばきを<u>はいてから</u>、教室に行きます。
転入生　：はい、わかりました。

テスト

先生：テストは、まず1＿＿＿＿＿＿＿＿＿＿＿＿＿＿＿から、始めてください。
生徒：はい。

昼ご飯の時間

先生：みなさん、2＿＿＿＿＿＿＿＿＿＿＿＿＿、お昼ご飯を食べてください。
　　　インフルエンザにかかりますよ。
生徒：はい、わかりました。

体育の授業

小林先生：みんな、ちゃんと3＿＿＿＿＿＿＿＿＿＿＿、プールに入ってくださいね。
生徒　　：はーい。

体操する

掃除の時間

小林先生：みんな4_____、帰りましょう。
チェくん：先生、ポンくんは帰りました。
アンさん：先生、ポンくんは掃除がきらいです。
小林先生：困りましたね。

5）－て、－

前から**入って**、先生にあいさつしてください。
＝
教室の前から**入ります**。そして、先生にあいさつしてください。

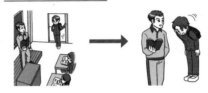

順番
朝起きて、歯をみがいて、ご飯を食べます。
　1　⇒　2　⇒　3

練習　絵を見て言いましょう。それから書きましょう。
放課後

木村さん　：エルダさんはうちに帰って、何をしますか。
エルダさん：うちに帰って、宿題をします。
木村さん　：そうですか。アンさんは？
アンさん　：私はうちに帰って、1_____て、_____ます。

木村さん　：ポンくんは？
ポンくん　：ぼくはうちに帰って、2_____て、_____。

6課　学校生活（2）

木村さん　：そうですか。チェくんは？
チェくん　：ぼくは、3_____て、まんがを_____。

4 休み時間

チェくん：小林先生は、**厳しくて、怖い**です。
王さん　：そうですね。でも、親切ですよ。
チェくん：王さんは小林先生が好きですか。
　　　　　ぼくは林先生が好きです。
　　　　　林先生は、**きれいで、やさしい**です。

6) －くて／－で、－

小林先生は、厳し**くて**、怖いです。　林先生は、きれい**で**、やさしいです。
　　　　　　厳しい＋怖い　　　　　　　　　　　きれい＋やさしい

い形容詞：厳し<s>い</s>　くて　　いい ⇒ よくて
な形容詞：きれい<s>な</s>　で
→練習シートあり

練習　言いましょう。それから書きましょう。
休み時間

ポンくん：王さんは中国のどこから来ましたか。
王さん　：北京から来ました。
アンさん：北京はどんな町ですか。
王さん　：北京は**大きくて、にぎやかです**。
　　　　　　　　大きい＋にぎやかな
王さん　：ポンくんは？

　アンさん　　王さん　　ポンくん

ポンくん：チェンライです。チェンライは 1_____。
　　　　　　　　　　　　　　　　静かな＋きれい

王さん　：アンさんは？
アンさん：ホーチミンです。ホーチミンの食べ物は 2_____。
　　　　　　　　　　　　　　　　安い＋おいしい

昼休み

エルダさん：テニス部はどうですか。
田中くん　：3_____。音楽部はどうですか。
　　　　　　　とてもおもしろい＋楽しい
エルダさん：音楽部は 4_____。
　　　　　　　　　　　　にぎやかな＋楽しい

支援教室

木村さん：みんな、日本語でクイズをしましょう。
みんな　：はい！
木村さん：鼻が 5_____て、_____動物は何ですか。
王さん　：ゾウです。
木村さん：じゃ、目が 6_____て、耳が_____動物は何ですか。
チェくん：ウサギです。
木村さん：じゃ、足が 7_____て、首も_____動物は何ですか。
アンさん：ペンギンです！

🗣 **自由会話** 王さんと話しましょう。それから、書きましょう。

王さん：今、あなたは何をしていますか。
あなた：_____。
王さん：じゃ、この授業が終わってから、次は何を勉強しますか。
あなた：_____。
王さん：そうですか。じゃ、学校が終わってから、何をしますか。
あなた：_____て、_____。
王さん：そうですか。じゃ、あしたはいっしょに遊びましょうね。

ぼくの学校生活(がっこうせいかつ)

　ぼくは毎日7時に起きて、7時半に家を出ます。そして、8時に学校に着きます。

　学校の勉強は難しいです。でも、休み時間は楽しいです。友だちとゲームの話をします。ぼくの友だちはみんな元気で、おもしろくて、楽しい人たちです。

　授業が終わってから、掃除の時間があります。ぼくは掃除がきらいです。タイの学校に掃除の時間はありません。

　そして、掃除が終わってから、みんな部活に行きます。でも、ぼくは部活がありません。家に帰ります。

ポンサクレック・デーンダー

読み物クイズ

①ポンくんの家から学校まで、どのくらいですか。

_____。

②ポンくんは休み時間に何をしますか。

_____。

③ポンくんの友だちはどんな人たちですか。

_____。

④掃除が終わってから、ポンくんは何をしますか。

_____。

読み物の漢字　例 私 [私]（ わたし ）

①出る　　[　　　]（　　　　）　②着く　　[　　　]（　　　　）
③時間　　[　　　]（　　　　）　④話　　　[　　　]（　　　　）
⑤元気　　[　　　]（　　　　）　⑥終わる　[　　　]（　　　　）

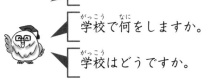

「－て－」「－てから－」を使って書きましょう。

学校で何をしますか。

学校はどうですか。

私／ぼくの学校生活

1. ①〜③はカタカナで、④〜⑩はひらがなで（　）に名詞を書きましょう。

   ① ② ③ ④ ⑤
   (　)　(　)　(　)　(　)　(　)

   ⑥ ⑦ ⑧ ⑨ ⑩
   (　)　(　)　(　)　(　)　(　)

2. ひらがなで＿＿に動詞を書きましょう。

   ① ＿＿＿＿＿＿　② くつを＿＿＿＿＿　③ 家を＿＿＿＿＿　④ ＿＿＿＿＿＿

3. ☐から選んで、＿＿に書きましょう。1回だけ使います。

   ①漢字を＿＿＿＿＿　②インフルエンザに＿＿＿＿＿　③席に＿＿＿＿＿
   ④黒板を＿＿＿＿＿　⑤会社で＿＿＿＿＿

すわる　かかる　おぼえる　けす　はたらく

4. ＿＿に名前（先生、友だち、家族……）を書きましょう。

   ①＿＿＿＿＿＿はやさしいです。　②＿＿＿＿＿＿は怖いです。
   ③＿＿＿＿＿＿は厳しいです。　④私は＿＿＿＿＿＿が好きです。

7課 部活

1 昼休み

エルダさん：田中くん、部活は楽しいですか。
田中くん　：はい、楽しいですよ。週に4回、練習があります。エルダさんはスポーツをしますか。スポーツで何がいちばん好きですか。
エルダさん：バスケットがいちばん好きです。でも、あまり上手じゃないです。ときどきインターネットで試合を見ます。
田中くん　：へえ、そうですか。

1) －(の中)で－がいちばん－です

日本のアニメ(の中)で何がいちばん好きですか。

『コスモ』がいちばん好きです。

A：名詞(の中)で 何・誰・どれ・どこ・いつ がいちばん 形容詞 ですか。
B：名詞 がいちばん 形容詞 です。

練習1　言いましょう。それから書きましょう。

休み時間

王さん　：教科で何がいちばん好きですか。
チェくん：ぼくは数学がいちばん好きです。王さん
田中くん：ぼくは英語がいちばん1_____。あなたは？
あなた　：_____。

チェくん　田中くん

王さん　：スポーツで2_____がいちばん_____か。
田中くん：ぼくは3_____が_____。
得意

田中くん：日本の食べ物で4_____が_____。
チェくん：5_____。
おいしい

王さん　　：日本で 6_____か。
田中くん　：2月がいちばん寒いですよ。

エルダさん：今度、ポンくんとアンさんといっしょにカラオケに行きます。
王さん　　：7_____か。
エルダさん：ポンくんが 8_____。

ハンバーガーとラーメンとおにぎり（の中）で何がいちばん好きですか。

ラーメンがいちばん好きです。

練習2 言いましょう。それから書きましょう。

[休み時間]

チェくん：国語と英語と数学（の中）で何がいちばん好きですか。
田中くん：英語がいちばん好きです。
チェくん：テニスとバスケットと野球（の中）で
　　　　　1_____が_____得意ですか。
田中くん：テニスが 2_____。
チェくん：日曜日に、みんなで遊びに行きます。田中くん、遊園地と動物園と水族館で
　　　　　3_____にいちばん行きたいですか。
田中くん：動物園に 4_____。

2) いつも／よく／ときどき／あまり／全然

日本のテレビを見ますか。

はい、よく見ます。
アニメを見ます。

私はあまり見ません。

いつも　　100%
よく
ときどき
あまり
全然　　　0%

「あまり」と「全然」はいつも「〜ません」や「〜ないです」といっしょに使います。

あまり／全然 { 見ません。
　　　　　　　好きじゃないです。

練習 言いましょう。それから書きましょう。

[休み時間]

田中くん ：うちでよくゲームをしますか。
ポンくん ：はい、**よく**します。おもしろいです。
エルダさん：私は**あまり**しません。
　　　　　でも、**よく**音楽を1＿＿＿＿＿＿＿＿＿＿。

ポンくん　　エルダさん
田中くん

田中くん ：休みの日、**いつも**何を2＿＿＿＿＿＿＿＿＿＿か。
ポンくん ：ぼくは**よく**公園に3＿＿＿＿＿＿＿＿＿＿。
　　　　　公園で走ります。気持ちがいいですよ。エルダさんは公園に行きますか。
エルダさん：私は**あまり**4＿＿＿＿＿＿＿＿＿＿。あなたは？
あなた　　：私／ぼくは＿＿＿＿＿＿＿＿＿＿。

[放課後]

ポンくん ：あ、エルダさん、これからどこへ行きますか。
エルダさん：支援教室に行きます。私は週に3回行きます。ポンくんは？
ポンくん ：ぼくは**ときどき**5＿＿＿＿＿＿＿＿＿＿。

2　昼休み

田中くん：王さんも部活に入りませんか。
王さん ：はい、**私も入りたい**です。
　　　　でも、私はスポーツが苦手です……。
　　　　うーん……。
　　　　エルダさんは音楽部ですね……。
　　　　チェくん、まんが部は何をしますか。
チェくん：まんが部はアニメを見て、話します。それから、好きなキャラクターの絵を描きます。とても楽しいですよ。
田中くん：チェくんはクラスで絵がいちばん上手です。
　　　　王さんは音楽部とまんが部とどちらがいいですか。
王さん ：私はアニメが好きです。まんが部のほうがいいです。

7課　部活

3）－たいです

私はまんが部に入りたいです。

まんが部に入ります ⇒ まんが部に入りたいです。
水を飲みます ⇒ 水を/が飲みたいです。

練習 絵を見て言いましょう。それから書きましょう。

昼休み

王さん　　：のどが渇きましたね。チェくんは何が飲みたいですか。
チェくん　：水が飲みたいです。

王さん　　：田中くん、いっしょに昼ご飯を食べませんか。
田中くん　：ちょっと待ってください。トイレに1_____。
王さん　　：私もトイレに行きます。手を2_____。

チェくん　：今日、学校が終わってから、本屋へ行きます。
王さん　　：何を買いますか。
チェくん　：まんがを3_____。

田中くん　　：もうすぐゴールデンウイークですね。何がしたいですか。
王さん　　　：ディズニーランドへ4_____。
エルダさん　：いいですね！ 私は5_____。
ポンくん　　：うーん、ぼくは、一日中
　　　　　　　6_____。

エルダさん　：えー、寝ますか。
　　　　　　　あっ、ポンくんもいっしょに映画に行きませんか。
ポンくん　　：あっ、はい、ぼくも7_____。

王

エルダ

ポン

4）AはBより－です

練習 言いましょう。それから書きましょう。

[休み時間]

チェくん：今日はとても暑いですね。
王さん　：そうですね。今日はきのうより暑いです。

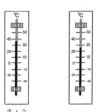

今日　＞　きのう

アンさん：中国は1_____より大きいです。いいなあ。
王さん　：はい、とても大きいですよ。でも、ベトナムはきれいな海があります。
　　　　　私はベトナムに行きたいです。

チェくん：電子辞書は紙の辞書より2_____よ。
王さん　：そうですか。私も買いたいです。

[放課後]

エルダさん：王さんのうちから支援教室まで何分ですか。
王さん　　：25分ぐらいです。
エルダさん：そうですか。私のうちから支援教室まで35分ぐらいです。
　　　　　　王さんのうちは3_____［　　　］_____ね。

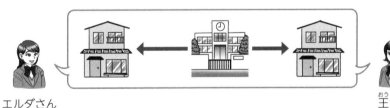

エルダさん　　　　　　　　　　　　　　　　　王さん

5) AとBとどちら／どっちが－ですか
　　……Aのほうが（Bより）－です

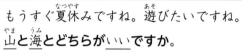
もうすぐ夏休みですね。遊びたいですね。
山と海とどちらがいいですか。

海のほうがいいです。

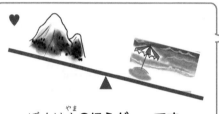
ぼくは山のほうがいいです。
景色がきれいですよ。

練習 言いましょう。それから書きましょう。
休み時間

田中くん：日本の町には犬がいませんね。
　　　　　ネコはよく見ますが……。
王さん　：田中くんはネコと犬とどちらが好きですか。
田中くん：ぼくは犬のほうが好きです。チェくんは？
チェくん：ぼくはどちらも好きです。王さんは？
王さん　：私はネコのほうが好きです。

田中くん　　王さん　　チェくん

....

ポンくん：ねえ、チェくんは1＿＿＿＿＿＿と＿＿＿＿＿と＿＿＿＿＿が得意ですか。
チェくん：ぼくは数学のほうが2＿＿＿＿＿＿＿＿＿。
ポンくん：そうですか。ぼくも同じです。

お楽しみ会

田中くん　：では、第1問。
　　　　　　中国とアメリカとどちらが日本に近いですか。
エルダさん：中国3_____。
田中くん　：ピンポーン！　正解です。
　　　　　　では、第2問です。
　　　　　　東京スカイツリーと4_____と_____が高い？
　　　　　　_____。
王さん　　：東京スカイツリー5_____。

クイズです！
田中くん（司会）

東京タワー
東京スカイツリー

3 休み時間

王さん　：きのう、チェくんといっしょにまんが部に行きました。
田中くん：そうですか。まんが部はどうでしたか。
王さん　：とてもおもしろかったです。とてもにぎやかでした。
　　　　　日本のアニメの話をたくさんしました。私もまんが部に入りたいです。
田中くん：そうですか。

6）ーかったです／ーくなかったです

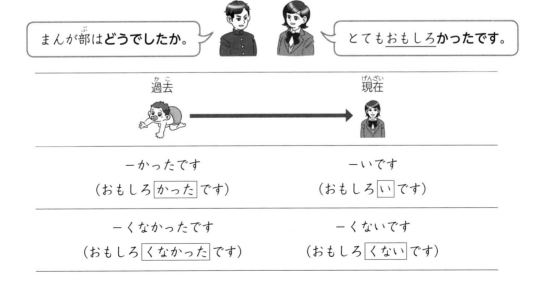

まんが部はどうでしたか。　とてもおもしろかったです。

過去	現在
ーかったです （おもしろ かった です）	ーいです （おもしろ い です）
ーくなかったです （おもしろ くなかった です）	ーくないです （おもしろ くない です）

おもしろ~~い~~です ⇒ （過去）おもしろ**かった**です
おもしろ~~く~~ないです ⇒ （過去）おもしろ**くなかった**です
※注意！「いい」⇒ よくない・よかった・よくなかった
→別冊15ページ・練習シートあり

練習 絵を見て言いましょう。それから書きましょう。
休み時間

エルダさん：きのう、映画を見ました。
王さん　　：映画はどうでしたか。
エルダさん：おもしろかったです。
　　　　　　日本語で見ましたが、あまり難しくなかったです。　エルダさん　王さん

アンさん：きのう、私はディズニーランドへ行きました。
王さん　：わあ、いいですね。ディズニーランドは
　　　　　1_____か。
アンさん：はい、とても2_____。
　　　　　でも、天気があまり3_____。
王さん　：そうですか。4_____か。
アンさん：いいえ、5_____。

田中くん：数学のテスト……、あまり6_____。
　　　　　ポンくんは、よかったですか。
ポンくん：ぼくは、とても7_____。

田中くん　ポンくん

7）－でした／－じゃなかったです

まんが部はどうでしたか。   にぎやかでした。

－でした	－です
（にぎやか でした ）	（にぎやか です ）

－じゃなかったです	－じゃないです
（にぎやか じゃなかった です）	（にぎやか じゃない です）

にぎやかです ⇒ （過去）にぎやかでした
にぎやかじゃないです ⇒ （過去）にぎやかじゃなかったです
→別冊15ページ・練習シートあり

練習 例を見て言いましょう。それから書きましょう。

休み時間

チェくん：週末、湖に行きました。

王さん：わあ、いいですね。
どうでしたか。　　　　　名詞：いい天気でした。
　　　　　　　　　　　　　　　　　いい天気じゃなかったです。

チェくん：とてもきれいでした。
でも、午前中はあまりいい天気じゃなかったです。
王さんは何をしましたか。

王さん：私は、エルダさんのダンスを見ました。
エルダさんは、ダンスがとても1_____。

チェくん：へえ〜。

王さん：帰りに近くの公園に行きました。でも、人がいませんでした。
日曜日2_____が、全然3_____。

チェくん：そうですか。

自由会話　王さんと話しましょう。それから、書きましょう。

王さん：今週の日曜日、何をしたいですか。

あなた：＿＿＿＿＿＿＿＿＿＿＿＿＿＿＿＿＿＿＿＿＿＿＿＿＿＿＿＿＿＿＿＿＿。

王さん：へえ、そうですか。私は日曜日がいちばん好きです。
　　　　あなたは1週間で、何曜日がいちばん好きですか。

あなた：＿＿＿＿＿＿＿＿＿＿＿＿＿＿＿＿＿＿＿＿＿＿＿＿＿＿＿＿＿＿＿＿＿。

読み物

部活

　ぼくはテニス部の部員です。週に4回、練習があります。月曜日と木曜日と金曜日と土曜日です。部活の練習は大変ですが、楽しいです。ときどき、土曜日に試合があります。先週の土曜日も試合でした。

　試合の相手は私より強かったです。勝ちたかったですが、負けました。とてもくやしかったです。これから、もっとテニスの練習がしたいです。

　　　　　　　　　　　　　　　　　　　　　　　　　田中　健太

読み物クイズ

①毎日テニス部の練習がありますか。

＿＿＿＿＿＿＿＿＿＿＿＿＿＿＿＿＿＿＿＿＿＿＿＿＿＿＿＿＿＿＿＿＿＿＿＿＿。

②先週の土曜日、練習がありましたか。

＿＿＿＿＿＿＿＿＿＿＿＿＿＿＿＿＿＿＿＿＿＿＿＿＿＿＿＿＿＿＿＿＿＿＿＿＿。

③田中くんと試合の相手と、どちらが強かったですか。

＿＿＿＿＿＿＿＿＿＿＿＿＿＿＿＿＿＿＿＿＿＿＿＿＿＿＿＿＿＿＿＿＿＿＿＿＿。

読み物の漢字　　例　私　[私]（ わたし ）

①（3）回　　[　　　]（　　　）　　②曜日　　[　　　]（　　　）

③試合　　　[　　　]（　　　）　　④相手　　[　　　]（　　　）

⑤勝つ　　　[　　　]（　　　）　　⑥負ける　[　　　]（　　　）

作文

- 部活に入っています。
  → 部活でよく何をしますか。楽しいですか。
  　前回の部活はどうでしたか。

- 部活に入っていません。
  → 放課後何をしますか。国の友だちとよくチャットしますか。
  　きのうの放課後は何をしましたか。どうでしたか。

部活（または放課後）

1. ひらがな、カタカナで(　)に名詞を書きましょう。

2. ひらがなで___に動詞を書きましょう。

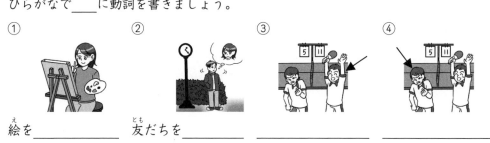

① 絵を_____　② 友だちを_____　③ _____　④ _____

8課 テストの準備

1 教室

先生　　：みなさん、今週の社会は、調べ学習をします。
　　　　　これからみんなで準備をします。
田中くん：はい。
先生　　：まず、グループを決めて、それからテーマも決めます。
　　　　　そして、グループのみんなで話します。
ポンくん：はい。
先生　　：それから、みなさん、図書室で調べたいですよね。
ポンくん：はい。
先生　　：あとで、みんなで図書室へ本を借りに行きましょう。

1) －へ／に－に行きます／来ます／帰ります

図書室へ／に　　　　　　行きます
　　　　　↑
　　本を借ります　……　目的

図書室 へ／に 本を借り に 行きます。

忘れ物をしました。
うち へ／に 、忘れ物を取り に 帰ります。

練習　言いましょう。それから書きましょう。

昼休み

アンさん：チェくん、お弁当を持ってきましたか。
チェくん：いいえ。これから1階 [に] お弁当を買い [に] 行きます。
アンさん：そうですか。私も行きます。

チェくん　アンさん

アンさん：王さん、どこへ行きますか。
王さん　：図書室[へ]本を1_____[に]行きます。
　　　　　土日に、うちで本を読みたいです。
アンさん：へえ。すごい！

アンさん　王さん

田中くん　：エルダさん、どこに行きますか。
エルダさん：職員室です。
田中くん　：え？2_____[へ]何を_____[に]
　　　　　　行きますか。
エルダさん：きのう宿題を忘れました。
　　　　　　宿題を3_____[　]行きます。

小林先生　エルダさん

[放課後]
王さん　：田中くん、どこに行きますか。
田中くん：部室です。
王さん　：何を4_____[　]行きますか。
田中くん：これから部活です。5_____。

着替える
田中くん

ポンくん　：あっ、エルダさん、どこに行きますか。
　　　　　　ぼくはこれから支援教室6[　]日本語を_____。
　　　　　　エルダさんも、いっしょに行きませんか。
エルダさん：私は、これから音楽部の活動があります。
　　　　　　音楽室7[　]練習を_____。

田中くん：もうすぐ夏休みですね。ポンくん、休みは何をしますか。
ポンくん：友だちが日本8[　]遊びに_____。
田中くん：へえ、いいですね。どこに行きますか。
ポンくん：まず、上野動物園9[　]パンダを_____。
　　　　　それから、築地10[　]_____。

2 図書室

田中くん：あっ、ポンくん、あした、英語の単語テストがありますね。
　　　　　もう単語は覚えましたか。
ポンくん：はい。覚えました。
田中くん：えっ！ すごい。全部覚えましたか。
ポンくん：……たぶん……。田中くんは？
田中くん：うーん、聞かないでください。**まだ覚えていません。**
　　　　　テスト……心配です。
ポンくん：いっしょにがんばりましょう。

2）もう－ました／まだ－ていません

理科の授業

もう：already, 已经, ya

今日は実験ですよ。もう準備をしましたか。

はい、もうしました。

そうですか。エルダさんは？

私はまだ準備していません。

じゃ、急いでください。

まだ：not yet, 还（没有), todavía no

練習 言いましょう。それから書きましょう。

ホームルーム

先生　　：みなさん、進路希望の紙は、もう書きましたか。
田中くん：はい、ぼくは**もう書きました**。
先生　　：そうですか。
王さん　：私は**まだ書いていません**。
先生　　：あした、必ず出してくださいね。

英語の時間

先生　　　：はい、では、小テストを集めます。みなさん、もう全部終わりましたか。
エルダさん：はい、もう1_____。
王さん　　：先生、私はまだ2_____。
田中くん　：ぼくもまだ3_____。
ポンくん　：ぼくも……。
先生　　　：では、あと2分待ちます。

王さん

音楽の時間

先生　　　：もうすぐ合唱コンクールですね。歌詞をもう覚えましたか。
エルダさん：はい、もう4_____。
先生　　　：そうですか。がんばりましたね。
ポンくん　：ぼくは、まだ5_____。
エルダさん：いっしょに練習しましょう。

3）－ないでください

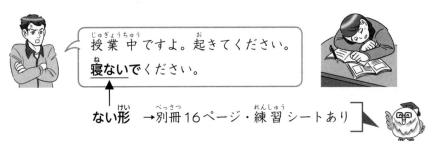

授業中ですよ。起きてください。
寝ないでください。

ない形 →別冊16ページ・練習シートあり

練習 言いましょう。それから書きましょう。

テスト

先生：これからテストをします。注意を聞いてください。
　　　となりの人のテストを1_____ください。
　　　だめですよ。

美術館

係の人：お客さま、ここでは写真を 2＿＿＿＿＿＿＿＿＿＿ください。
客　　：すみません。
係の人：それから、絵に 3＿＿＿＿＿＿＿＿＿＿ください。
客　　：はい、わかりました。

触る

図書館

係の人：ここは図書館ですよ。
　　　　アイスクリームを 4＿＿＿＿＿＿＿＿＿＿＿＿＿＿。
利用者：あっ、すみません。
係の人：ジュースも 5＿＿＿＿＿＿＿＿＿＿＿＿＿＿。
利用者：すみません……。

廊下

小林先生：あっ、危ないです。
　　　　　廊下を 6＿＿＿＿＿＿＿＿＿＿＿＿＿＿。
チェくん：すみません。

体育の時間

小林先生：来週からプールに入ります。必ず水着を持ってきてください。
　　　　　絶対に 7＿＿＿＿＿＿＿＿＿＿＿＿＿＿。
生徒　　：はい、わかりました。

だめ！

帰り道

王さん　：この話は秘密です。
　　　　　絶対に、みんなに 8＿＿＿＿＿＿＿＿＿＿＿＿＿＿＿＿＿。
エルダさん：わかりました。言いません！

3 図書室

図書室の先生：王さん、あした、テストですか。
王さん　　　：はい。あした、数学と英語のテストがあります。
図書室の先生：そうですか。テストの準備はどうですか。
王さん　　　：うーん、英語の単語はもう覚えましたが、まだ、数学
　　　　　　　の復習をしていません。家に帰ってから、よく復習しておきます。
図書室の先生：そうですか。がんばってくださいね。

4）−ておきます

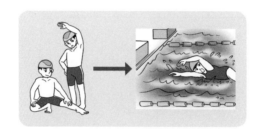

体操しておきます。　←　「準備 preparation, 准备, preparación」の意味です。
　て形　　　　　　　　準備体操　→　泳ぐ

練習　言いましょう。それから書きましょう。

<u>授業中</u>

先生：来週はテストです。しっかり復習しておいてください。
生徒：はい。
先生：このグラフは大切ですよ。覚えておいてください。
　　　他に何をしますか。
生徒：教科書をよく1_____おきます。
先生：いいですね。では、みなさんがんばってください。

<u>調理実習</u>

先生：これから調理実習をします。
　　　協力して、準備をしましょう。
　　　まず、全員手を2_____おきましょうね。

王さん ：今日のメニューはハンバーグですね。
　　　　　私はタマネギを切ります。包丁はどこですか。
ポンくん ：ああ、包丁は、テーブルの上に3＿＿＿＿＿おきました。
王さん ：ポンくん、ありがとう。
エルダさん：じゃあ、私は材料を混ぜます。
　　　　　ボウルはどこですか。
ポンくん ：そこに4＿＿＿＿＿おきましたよ。
エルダさん：ありがとう。
小川さん ：じゃあ、私は机を5＿＿＿＿＿おきますね。
王さん ：はーい。

置く
出す
拭く

「元に戻す　leave something as it is, 恢复原状, devolver a su sitio」という意味もあるよ。
先生が、生徒によく言います。

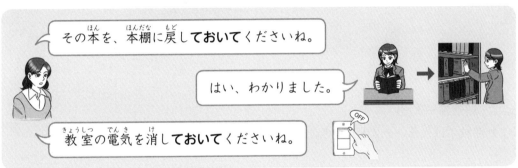

その本を、本棚に戻しておいてくださいね。
はい、わかりました。
教室の電気を消しておいてくださいね。

自由会話 王さんと話しましょう。それから書きましょう。

王さん：先週の日曜日、私は、友だちのうちへ遊びに行きました。あなたは？
あなた：私は＿＿＿＿＿＿＿＿＿＿＿＿＿＿＿＿＿＿＿＿＿＿＿＿＿＿＿＿＿＿＿＿。
王さん：へえ、そうですか。次の休みには、ディズニーランドへ遊びに行きたいです。
　　　　あなたは、どこへ何をしに行きたいですか。
あなた：＿＿＿＿＿＿＿＿＿＿＿＿＿＿＿＿＿＿＿＿＿＿＿＿＿＿＿＿＿＿＿＿＿＿。
王さん：へえ。ところで、日本語の勉強はどうですか。8課の単語をもう覚えましたか。
あなた：＿＿＿＿＿＿＿＿＿＿＿＿＿＿＿＿＿＿＿＿＿＿＿＿＿＿＿＿＿＿＿＿＿＿。
王さん：そうですか。大変ですよね。
　　　　私は、夜、次の日の準備をしておきます。あなたは？
あなた：＿＿＿＿＿＿＿＿＿＿＿＿＿＿＿＿＿＿＿＿＿＿＿＿＿＿＿＿＿＿＿＿＿＿。
王さん：へえ、そうですか。

読み物

テストの準備

　中学校では、1学期に2回、大きいテストがあります。

　ぼくは日本語がまだ上手じゃありません。テストはとても難しいです。だから、がんばって準備をします。いつも、教科書を読んでしっかり復習しておきます。

　ときどき小テストもあります。きのう、英語の小テストがありました。

　ぼくはいつも英語の単語をしっかり覚えておきます。でも、きのうはすっかりテストを忘れて、勉強しませんでした。とても悪い点でした……。

　これからは、しっかり勉強しておきます。

チェ・ユンソク

読み物クイズ

①中学校では大きいテストが1学期に何回ありますか。

　_____。

②チェくんは、いつもテストの準備をしますか。

　_____。

③チェくんは、きのう、テストの準備をしましたか。

　_____。

④チェくんのきのうのテストは、どうでしたか。

　_____。

読み物の漢字　　例　私　[私]（ わたし ）

①学期　　　[　　　]（　　　　）　　②教科書　　[　　　]（　　　　）

③読む　　　[　　　]（　　　　）　　④覚える　　[　　　]（　　　　）

⑤忘れる　　[　　　]（　　　　）　　⑥悪い　　　[　　　]（　　　　）

作文

読み物を見て書きましょう。

- 部活の準備や遠足の準備など、思い出して書きましょう。
- 何をしておきますか／しておきましたか。

（　　　　　）の準備

8課　テストの準備

新しい言葉チェック ✓

1. ひらがなで（　）に名詞を書きましょう。＿＿に動詞を書きましょう。

   授業　　　　①ふ＿＿＿＿＿＿

   家で　②（　　　）　③（　　　　）

2. 授業で何を使いますか。□から選んで、＿＿に書きましょう。

   体育・・・①＿＿＿＿＿＿＿＿＿＿＿
   家庭科・・②＿＿＿＿＿＿＿＿＿＿＿

ボウル　ほうちょう　みずぎ

3. 左の言葉と右の言葉を線で結びましょう。

   しゃしんを　　　・　　　・きょうりょくする
   しゅくだいを　　・　　　・およぐ
   みずぎに　　　　・　　　・だす
   みんなで　　　　・　　　・とる
   プールで　　　　・　　　・きがえる

4. □から選んで、（　）に書きましょう。1回だけ使います。

   1) 先生：みなさん、あした、①（　　　　）宿題を持ってきてくださいね。
      生徒：はーい。
   2) 生徒A：ねえねえ、②（　　　　）宿題をしましたか。
      生徒B：いいえ、③（　　　　）していません……。
   3) 先生：あしたは漢字テストをします。うちで④（　　　　）復習してください。
      生徒：はい、わかりました。
   4) 生徒A：今日は漢字テストですね。きのう、うちで勉強しましたか。
      生徒B：わあ！⑤（　　　　）忘れて、勉強しませんでした。

まだ　もう　かならず　しっかり　すっかり

9課 外出

1 お店

店員　　　：いらっしゃいませ。
エルダさん：あのう、**軽いかばんがほしいです**。ありますか。
店員　　　：そうですね……。これはどうですか。
エルダさん：うーん……あのう、あのかばんも**軽そうです**ね。見せてください。
店員　　　：これですか。どうぞ。
エルダさん：ああ、とても軽くていいですね。

1) －そうです（見たとき）

おいしそうです。　　　　　　　　　おいしいです。

見ます（まだ食べていません）　　食べました

〈い形容詞〉　あのかばん、軽~~い~~そうです
　　　　　　　※いい　⇒　よさそうです

練習1　絵を見て言いましょう。それから書きましょう。

支援教室
木村さん：王さん、眠そうですね。
王さん　：はい、とても眠いです。きのう夜遅くまで、まんがを読んでいました。

....

木村さん：アンさん、こんにちは。1_____そうですね。
　　　　　いいことがありましたか。
アンさん：はい、英語のテスト、100点でした。
木村さん：チェくん、2_____そうですね。
　　　　　どうしましたか。
チェくん：テストがよくなかったです。
木村さん：そうですか。次のテスト、がんばりましょう。

うれしい

悲しい

ケーキ屋

アンさん　　：どれを買いますか。
エルダさん：うーん。あっ、これ3_____。
アンさん　　：本当！ 私もそれを買います。

廊下

チェくん　：先生、4_____ね。手伝います！
小林先生：ああ、ありがとうございます。お願いします。

支援教室

王さん：みんな、5_____ね。
みんな：王さんもいっしょにやりませんか。
王さん：はい、やりたいです。ありがとう。

エルダさん：そのまんが6_____ね。
王さん　　：はい、とてもおもしろいですよ。
エルダさん：私も読みたいです。

〈な形容詞〉
便利です ⇒ 便利**そう**です　　心配です ⇒ 心配**そう**です

練習2　例を見て言いましょう。それから書きましょう。

支援教室

木村さん：ポンくん、<u>ひまそうです</u>ね。
ポンくん：あっ、すみません。……勉強を始めます。
木村さん：チェくん、こんにちは。
　　　　　先週は支援教室に来ませんでしたね。
チェくん：はい、かぜをひきました。
木村さん：そうですか。でも、今は1_____ね。
チェくん：はい、もう元気です。
木村さん：ポンくん、2_____ね。
ポンくん：はい、この問題、大変です。もう、やりたくないです。
木村さん：そうですか。でも、このページ、がんばりましょう。

2）私はーがほしいです

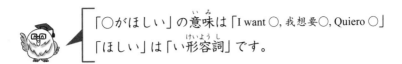

「○がほしい」の意味は「I want ○, 我想要○, Quiero ○」
「ほしい」は「い形容詞」です。

練習 言いましょう。それから書きましょう。

部活動

アンさん：田中くん、あしたの試合……自転車で行きませんか。
田中くん：ぼくは電車で行きます。自転車が壊れました。
　　　　　新しい自転車 **[が]** ほしいです。

田中くん：この前、先輩のラケットを借りました。とてもよかったです。
　　　　　ぼくのラケットはあまりいいのじゃありません。
　　　　　いいラケット1 [　　] ＿＿＿＿＿＿＿＿＿＿＿。
アンさん：私も‼

支援教室

チェくん：くつが小さくて、足が痛いです……。
　　　　　新しい2 ＿＿＿＿＿＿＿ [　　] ＿＿＿＿＿＿＿＿。
木村さん：そうですか。どんなくつがほしいですか。
チェくん：かっこいいくつ！

エルダさん：今度友だちとコンサートに出かけます。
木村さん　：へえ、いいですね。
エルダさん：はい。だから、新しい3＿＿＿＿＿＿ [　　] ＿＿＿＿＿＿。
木村さん　：そうですか。
エルダさん：大好きな歌手のコンサートです。とても楽しみです。
　　　　　　コンサートでは、パンフレットとCD4 [　　] ＿＿＿＿＿＿＿。

2 ハンバーガーショップ

店員　　　：いらっしゃいませ。
チェくん　：あのう、ハンバーガーを5つとポテトを1つください。
　　　　　　それとコーラをください。
エルダさん：私は、ハンバーガーとオレンジジュースと
　　　　　　このデザートをください。
　　　　　　　　…
チェくん　：そのデザート、おいしそうですね。
エルダさん：はい。おいしいですよ。食べますか。
チェくん　：ありがとう。
　　　　　　たくさん食べました。ああ、ちょっとおなかが……。
エルダさん：チェくん、どうしましたか。
チェくん　：……食べすぎました。……多すぎました。

3)［動詞］＋すぎます

食べます ⇒ 食べすぎます
　　　　　　食べすぎました

練習　言いましょう。それから書きましょう。

お楽しみ会

アンさん：ポンくん、どうしましたか。
ポンくん：ちょっとおなかが痛いです。
　　　　　ジュースを飲みすぎました。
木村さん：チェくん、大丈夫ですか。気持ちが悪そうですね。
チェくん：はい、ちょっと……。さっきご飯を1＿＿＿＿＿＿＿すぎました。

学校

王さん　　：アンさん、おはよう。眠そうですね。
アンさん　：はい……きのう新しいゲームを買って、朝3時まで起きていました。
　　　　　　ゲームを2_____。

....

エルダさん：ポンくん、声が変ですね。
　　　　　　また、カラオケに行きましたか。
ポンくん　：はい、6時間歌いました。3_____。
　　　　　　のどが痛いです。

4）[形容詞]＋すぎます

練習　言いましょう。それから書きましょう。

支援教室

チェくん：ああ！宿題が多すぎます。
木村さん：がんばってください。

店

田中くん：このラケットはいくらですか。

店員　：4万8千円です。

田中くん：ええっ?! ……そうですか。ほしいですが、1_____……。
　　　　　もっと安いのを見せてください。

部活動

田中くん：アンさん、あしたの朝、6時に集まって、練習しましょう。

アンさん：え？朝6時ですか。いつも7時に起きます。2_____。
　　　　　　　　　　　　　　　　　　　　　　　　　早い

5) 助数詞

助数詞　→別冊17ページ

ハンバーガーをください。
ハンバーガーを ふたつ ください。

練習　絵を見て言いましょう。それから、ひらがなで書きましょう。

店

お店の人：いらっしゃいませ。ご注文は？

チェくん：ハンバーガーをみっつとポテトを1_____とジュースを2_____ください。

お店の人：いらっしゃいませ。ご注文は？

アンさん：このアイスクリームを3_____とパンを4_____とコーヒーを5_____
　　　　　ください。

3 ハンバーガーショップ

エルダさん：チェくんはたくさん食べますけど、太りませんね。
チェくん　　：はい、ぼくはたくさん食べて、運動します。
　　　　　　　毎朝30分走ります。
エルダさん：そうですか。毎朝……。
　　　　　　　だから、チェくんは体が丈夫で、足が速いですね。
チェくん　　：はい、でも今は動きたくないです。走りたくないです。
エルダさん：あっ、もう1時です。支援教室に行きましょう。

6) －は－が－です

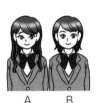

Aさんは、髪が長いです。
Bさんは、髪が短いです。

Cくんは、背が高いです。
Dくんは、背が低いです。

練習　絵を見て言いましょう。それから書きましょう。

支援教室

木村さん：王さんは日本人の友だちがいますか。
王さん　　：はい、います。小川さんです。
木村さん：どんな人ですか。

 木村さん　王さん

王さん　　：背が高いです。
木村さん：へえ、そうですか。
王さん　　：はい。そして……小川さんは、やさしくて、頭がいいです。

エルダさん：木村さん、あの1_____が_____人は誰ですか。
木村さん　　：あの子は、アンさんの友だちです。
　　　　　　　今日初めてここに来ました。
エルダさん：そうですか。

木村さん：私は犬が好きです。王さんはどんな動物が好きですか。
王さん　：私は犬も好きですが、ウサギも好きです。
　　　　　ウサギは2_____が_____ですね。
　　　　　それが、とてもかわいいです。
木村さん：うん、そうそう。私もウサギが好きですよ。

....

木村さん：ユイさんの名前をよく聞きます。どんな人ですか。
アンさん：ユイさんはやさしくて、3_____が
　　　　　_____です。
木村さん：へえ、会いたいです。

1m70cm

🗣 **自由会話** 王さんと話しましょう。それから書きましょう。

王さん：あなたのクラスの担任の先生は誰ですか。
あなた：_____先生です。
王さん：何の教科の先生ですか。
あなた：_____です。
王さん：あなたは担任の先生が好きですか。
あなた：(はい／いいえ)、_____。
王さん：そうですか。担任の先生は、どんな先生ですか。
あなた：_____先生は_____が_____です。

📖 読み物

私のクラスメート

　クラスメートの小川さんを紹介します。

　小川さんは背が高くて、やさしいです。そして、頭がいいです。

　それから、ピアノがとても上手です。私も、いつかピアノを習いたいです。

　小川さんはいつも友だちといっしょにいて、笑っています。とても楽しそうです。

　私も、ときどきいっしょに遊びます。

王雪

📖 読み物クイズ

①小川さんはどんな人ですか。＿＿＿＿＿＿＿＿＿＿＿＿＿＿＿＿＿＿＿＿。

②小川さんは、ピアノが上手ですか。＿＿＿＿＿＿＿＿＿＿＿＿＿＿＿＿＿。

③王さんと小川さんは、いっしょに遊びますか。＿＿＿＿＿＿＿＿＿＿＿＿。

📖 読み物の漢字　　例　私　[私]（ わたし ）

①紹介　[　　　]（　　　　　）　②背　[　　　]（　　　　　）

③高い　[　　　]（　　　　　）　④頭　[　　　]（　　　　　）

⑤習う　[　　　]（　　　　　）　⑥遊ぶ　[　　　]（　　　　　）

作文

- どんな友だちがいますか。
- 友だちは背が高いですか。髪が長いですか。足が速いですか。

私/ぼくのクラスメート

1. ひらがな、カタカナで（　）に名詞を書きましょう。

① ② ③ ④

（か　　　）（　　　　　）（　　　　　）（か　　　）

⑤ ⑥ ⑦  ⑧

（　　　　　）（　　　　　）（コ　　　）（か　　　）

⑨ ⑩ ⑪

（　　　　　）（　　　　　）（　　　　　）

2. ひらがなで＿＿に動詞を書きましょう。

① ② ③ ④  ⑤

＿＿＿＿＿　＿＿＿＿＿　な＿＿＿＿　＿＿＿＿＿　＿＿＿＿＿

3. どれが適当ですか。○をつけましょう。
   ①けがをしました。足が［　いたい　・　はやい　・　かるい　］です。
   ②きのう、夜12時まで勉強しました。［　ねむい　・　ひくい　・　おもい　］です。
   ③子どもが、帰りません。［　じょうぶ　・　しんぱい　・　かんたん　］です。
   ④あしたは休みです。［　うれしい　・　あたらしい　・　おそい　］です。
   ⑤Aさんは頭が［　たかい　・　いい　・　かっこいい　］です。テストはいつも
   　100点です。

9課　外出　103

10課 学校行事

1 支援教室

木村さん：きのうは体育祭でしたね。どうでしたか。
田中くん：楽しかったです。でも、1,000m 走って疲れました。
ポンくん：ぼくは、二人三脚に出ました。おもしろかったです。
王さん　：私はダンスをしたり、綱引きをしたりしました。
チェくん：ぼくは、400m リレーに出ましたが、負けました。
木村さん：残念でしたね。
チェくん：でも、楽しい一日でした。

1) －たり、－たりする

体育祭で何をしますか。　　ダンスをしたり、綱引きをしたりします。

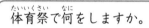

応援合戦　・ダンス　・二人三脚　・綱引き　・大なわとび

2つ

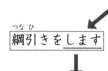　
ダンスをします　綱引きをします

ダンスをした **り**、　綱引きをした **り**します
た形　　　　　　　た形　→別冊18ページ・練習シートあり

練習　絵を見て言いましょう。それから書きましょう。

支援教室
木村さん　　：体育祭で何をしましたか。
エルダさん　：応援合戦をした**り**、二人三脚をした**り**しました。

アンさん：私は1_____り、_____りしました。

ルイくん：木村さん、こんにちは。
木村さん：ルイくん、ひさしぶりですね。野球部の練習は大変ですか。
ルイくん：はい、大変です。
木村さん：いつもどんな練習をしますか。

たくさんありますね。
2つ選んで書いてください。

ルイくん：2_____り、_____りします。

筋トレ　キャッチボール　ランニング　バッティング練習

木村さん：へえ、そうですか。

木村さん：体育は楽しそうですね。体育の授業では何をしますか。
王さん　：3_____り、_____り_____。

とび箱　ダンス　ハードル　バレーボール

木村さん：あ、もう5時ですね。家に帰りましょう。あしたは日曜日です。家で何をしますか。
アンさん：私は4_____り、_____り_____。

木村さん：へえ、えらいですね。チェくんは？
チェくん：ぼくは5_____り、_____り_____。

10課　学校行事　　105

2 音楽室

校長先生：来週、合唱祭ですね。練習はどうですか。
王さん　　：楽しいです。私はみんなで**歌うのが**好きです。
小川さん　：私も、とても楽しいです。
校長先生：小川さんは、ピアノを**弾くのが**上手ですね。来週、がんばってくださいね。
　　　　　……王さんは中国の学校で合唱を**したことがあります**か。
王さん　　：はい、あります。
校長先生：そうですか。日本語の歌詞をもう覚えましたか。
王さん　　：はい、もう覚えました。
校長先生：すごいですね。来週、楽しみです。
　　　　　がんばってくださいね。

2）－のが

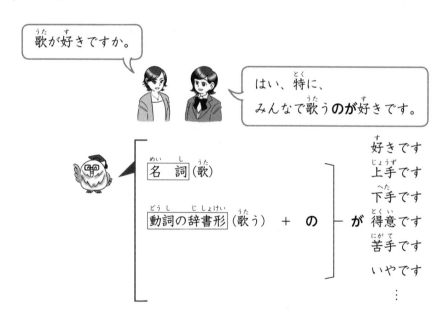

練習　言いましょう。それから書きましょう。

放課後

小川さん：もうすぐ、合唱祭ですね。楽しみです。
王さん　：小川さんはピアノを 弾く のが上手ですね。
　　　　　私はみんなで 歌う のが好きです。

支援教室

木村さん　エルダさん　王さん　アンさん

みんな　　：木村さん、こんにちは。
木村さん　：今日は、みんなでいっしょに来ましたね。
エルダさん：はい、みんなで合唱祭の練習をしていました。
木村さん　：そうですか。みなさんは、1_____のが好きですか。
王さん　　：はい。とても好きです。
エルダさん：私も好きです。
木村さん　：そうですか。他には、どんなことが好きですか。
エルダさん：私は2_____が好きです。

エルダ

アンさん　：私は3_____。

アン

王さん　　：木村さんは何をするのが好きですか。
木村さん　：私は、4_____。
　　　　　　よくプールへ泳ぎに行きます。

木村

エルダさん：木村さん、何をしていますか。
木村さん　：日本語の練習プリントを作っています。
　　　　　　うーん、私は絵を5_____下手です。
　　　　　　誰か、ここに公園の絵を描いてください……。
エルダさん：王さんがいいですよ。……王さん、王さん、ちょっと来てください。
王さん　　：はい、何ですか。
エルダさん：王さんは6_____よね。
　　　　　　ここに公園の絵を描いてください。

3）－たことがあります

日本人の家に行ったことがあります。
　　　　　　　た形

have the experience of ~, 有经验, tener la experiencia de ~

日本人の家に行ったことがありますか。

はい。行ったことがあります。

いいえ、ありません。

練習 言いましょう。それから書きましょう。

【放課後の教室】

王さん　：私、この前小川さんの家に行きました。ポンくんは、日本人の家に行ったことがありますか。

ポンくん：いいえ。ぼくも行きたいです。

チェくん：ポンくんは、小学校でリコーダーを1＿＿＿＿＿＿＿ことがありますか。

ポンくん：いいえ、ありません。

チェくん：そうですか。リコーダーはおもしろいですよ。

吹く

王さん　：あした、水泳の授業がありますね。楽しみです。

アンさん：私は学校のプールで2＿＿＿＿＿＿＿ことがありません。

王さん　：私も同じです。中国の学校にはプールがありません。

チェくん：日本に来て、「初めて」のことがたくさんあります。

ポンくん：体育でも……。日本では柔道をしますが、国では柔道を3＿＿＿＿＿＿＿がありません。

王さん　：そうそう、家庭科でも……。私は学校で料理を4＿＿＿＿＿＿＿＿＿＿＿＿。

ポンくん：ねえ王さん、市の図書館へ5＿＿＿＿＿＿＿＿＿＿＿。

王さん　　：いいえ、6_____。
ポンくん：じゃあ、今度いっしょに行きませんか。まんがもありますよ。中国の映画の
　　　　　　DVDもありますよ。
王さん　　：へえ、そうですか。行きたいです。

3 国際教室

小林先生：授業を始めます。みなさん、宿題がありましたね。
ポンくん　：宿題？
小林先生：この町の好きな場所の写真でしたね……。
ポンくん　：ああ、ちゃんと、撮りました。でも、**持ってくるの**を忘れました。
小林先生：そうですか。
田中くん　：ぼくは写真を**撮りに行くの**を忘れました。すみません。
小林先生：困りましたね。他の人はどうですか。
エルダさん：私は写真を撮って持ってきました。これです。
ポンくん　：見せてください。わあ、きれいですね。

4) −のを

 宿題を持ってくるのを忘れました。

 あした、必ず出してくださいね。

名詞（宿題）
動詞の辞書形（持ってくる）＋ の
　　　　　　　　　　　　　　　　を　忘れました。
　　　　　　　　　　　　　　　　　　思い出しました。
　　　　　　　　　　　　　　　　　　　　　⋮

練習 言いましょう。それから書きましょう。

昼休み

チェくん　：あっ！
王さん　　：どうしましたか。
チェくん　：お弁当を持ってくるのを忘れました。
王さん　　：きのうもお弁当を忘れましたよね。
チェくん　：はい。……でもきのうは、お母さんがお弁当を
　　　　　　1_____のを忘れました。
王さん　　：……そうですか。

放課後

アンさん　：王さん、いっしょに帰りましょう。
王さん　　：はい。……あっ、図書室に本を 2_____のを_____。
　　　　　　返しに行ってきます。
アンさん　：そうですか。じゃ、ここで待っています。

帰り道

王さん　　　：ねえねえ、YouTubeでおもしろい動画を見つけました。
エルダさん　：へえ、何ですか。
王さん　　　：おもしろいサルの動画です。
　　　　　　　サルが温泉に 3_____を見ました。
エルダさん　：へえ。アンさんはおもしろい動物を見たことがありますか。
アンさん　　：はい。私もYouTubeで、4_____が
　　　　　　　_____を見ましたよ。
エルダさん　：へえ、すごいですね。
　　　　　　　そうそう、私はテレビで、5_____が
　　　　　　　_____。

自由会話

王さんと話しましょう。それから、書きましょう。

王さん：私はときどきインターネットで動画を見ます。あなたはインターネットで動画を見たことがありますか。

あなた：＿＿＿＿＿＿＿＿＿＿＿＿＿＿＿＿＿＿＿＿＿＿＿＿＿＿＿＿＿＿＿＿＿＿＿＿。

王さん：へえ、どんな動画ですか。

あなた：＿＿＿＿＿＿＿＿＿＿＿＿＿＿＿＿＿＿＿＿＿＿＿＿＿＿＿＿＿＿＿＿＿＿＿＿。

王さん：いろいろな動画がありますね。私は、インターネットで友だちとチャットをするのが好きです。あなたは、インターネットで何をするのが好きですか。

あなた：＿＿＿＿＿＿＿＿＿＿＿＿＿＿＿＿＿＿＿＿＿＿＿＿＿＿＿＿＿＿＿＿＿＿＿＿。

王さん：そうですか。

読み物

合唱祭

先週の金曜日に合唱祭がありました。私たちはたくさん練習しました。合唱祭まで毎日、朝も放課後も練習しました。小川さんがピアノを弾きました。小川さんが一生懸命弾いているのを見て、みんなはまじめに歌を練習しました。

合唱祭の日、たくさん人が来ました。みんながんばって歌いました。そして私たちのクラスが優勝しました。とてもうれしかったです。みんな泣きました。そして、笑いました。泣いたり笑ったりして、忙しい日でした。

王雪

① いつ合唱祭がありましたか。

＿＿＿＿＿＿＿＿＿＿＿＿＿＿＿＿＿＿＿＿＿＿＿＿＿＿＿＿＿＿＿＿＿＿＿＿＿＿＿。

② 何を見て、みんなはまじめに歌を練習しましたか。

＿＿＿＿＿＿＿＿＿＿＿＿＿＿＿＿＿＿＿＿＿＿＿＿＿＿＿＿＿＿＿＿＿＿＿＿＿＿＿。

読み物の漢字　　例　私　[私]（ わたし ）

①先週　　[　　　　]（　　　　　）　　②合唱祭　[　　　　]（　　　　　）

③朝　　　[　　　　]（　　　　　）　　④泣く　　[　　　　]（　　　　　）

⑤笑う　　[　　　　]（　　　　　）　　⑥忙しい　[　　　　]（　　　　　）

作文 体育祭や合唱祭、遠足などのイベントについて書きましょう。
どんなことがありましたか。
あなたは何をしましたか。どうでしたか。

（　　　　　　　　　　　　　　　　　　　　　　　　　　　　　）

新しい言葉チェック ✓

1. ひらがな、カタカナで（　）に名詞を書きましょう。

① （　　　　　）　② （　　　　　）　③ （　　　　　）　④ （　　　　　）

⑤ （　　　　　）　⑥ （　　　　　）　⑦ （　　　　　）　⑧ （お　　　　）

2. ひらがな、カタカナで（　）に名詞を書きましょう。＿＿に動詞を書きましょう。

① （　　　　　）を　＿＿＿＿＿＿＿

② （　　　　　）を　＿＿＿＿＿＿＿

③ （　　　　　）を　＿＿＿＿＿＿＿

④ （　　　　　）を　＿＿＿＿＿＿＿

3. ひらがなで、＿＿に動詞を書きましょう。

① ＿＿＿＿＿＿＿

② ＿＿＿＿＿＿＿

③ ＿＿＿＿＿＿＿

④ ゆ＿＿＿＿＿＿

10課　学校行事

11課 病気欠席

1 教室／保健室

[教室]

王さん：先生、頭が痛いので、保健室に行ってもいいですか。
先生　：はい、ひとりで大丈夫ですか。
王さん：大丈夫です。

　　　　　：

[保健室]

王さん　　　：失礼します。先生……。
保健室の先生：あ、王さん、どうしましたか。
王さん　　　：頭が痛いです。
保健室の先生：そうですか。まず、熱を測りましょう。……
　　　　　　　あ、39度。小林先生に言って、早退してください。
　　　　　　　病院へ行ってくださいね。
王さん　　　：はい、わかりました。ありがとうございました。

1）－て／でもいいです

先生、トイレへ行ってもいいですか。

はい、いいですよ。

トイレへ行く ＋ いいです。
　　↓　　　　　↓
行って　も　いいです。
　て形

○許可　permission, 許可, permiso ／ OK

質問の形が多いです。「－て／でもいいですか」

練習 言いましょう。それから書きましょう。

[授業中]

小林先生：さあ、練習問題をやりましょう。

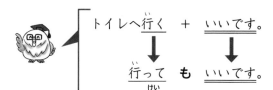

アンさん　：先生、教科書[を]見てもいいですか。
小林先生：はい、いいですよ。

．．．

チェくん　：先生、言葉がわかりません。
　　　　　　辞書1[　　　]　　　　　　　　　　　　　　　か。
小林先生：はい、いいですよ。

．．．

エルダさん：先生、問題が難しいです。
　　　　　　友だち2[　　　]　　　　　　　　　　　　　　か。
小林先生：だめです。ひとりでやってください。

テスト中
ポンくん：先生、鉛筆を忘れました。
　　　　　ボールペン3[　　　]　　　　　　　　　　　　。
先生　　：だめです。この鉛筆を使ってください。

部活
田中くん：先輩、疲れました。
　　　　　ちょっと4　　　　　　　　　　　　　　　。
先輩　　：うーん、もうちょっとがんばってください。
アンさん：先輩、水を5　　　　　　　　　　　　　　　。
先輩　　：はい、いいですよ。

2）-ので

 →
頭が痛いです。保健室に行ってもいいですか。

頭が痛いので、保健室に行ってもいいですか。

な形容詞・名詞は　-なので
例：元気なので・雨なので

理由　reason, 理由, razón

練習　言いましょう。それから書きましょう。

国際教室

王さん　　：先生、暑い**ので**、エアコンをつけてもいいですか。
小林先生　：はい、いいですよ。
小林先生　：チェくん、エアコンをつける**ので**、窓を閉めてください。
チェくん　：はい、わかりました。

ポンくん　：田中くん、すみません。
　　　　　　消しゴムが1_____ので、
　　　　　　ちょっと貸してください。
田中くん　：いいですよ。

放課後

チェくん　：先生、まんが部のミーティングを、この教室でしてもいいですか。
先生　　　：今から音楽部の練習を2_____ので、
　　　　　　他の教室を使ってください。
チェくん　：わかりました。

支援教室

木村さん　：アンさん、今日の午後は何をしますか。　　　自分で考えましょう。
アンさん　：3_____ので、うちで勉強します。木村さんは？
木村さん　：私は4_____ので、渋谷へ行きたいです。
アンさん　：そうですか。いいですね。

木村さん　：エルダさん、目が赤いですね。どうしましたか。
エルダさん：きのう、うちの犬が5_____ので、
　　　　　　朝までずっと泣いていました。
木村さん　：それは、悲しいですね。

田中くん　：木村さん、ぼくは6_____ので、
　　　　　　このチョコレート、あげます。
　　　　　　きのうゲームセンターで取りました。
木村さん　：ありがとう。

甘いもの

2 病院

お医者さん：どうしましたか。
王さん　　：頭が痛くて、熱が39度あります。
お医者さん：39度ですか。じゃあ、インフルエンザの検査をしましょう。
　　　　　　……やっぱりインフルエンザですね。他の人にうつるので、あしたから
　　　　　　1週間、**出かけてはいけません**。
王さん　　：学校は？
お医者さん：休んでください。人に**会ってはいけません**。
王さん　　：はい、わかりました。ありがとうございました。
お医者さん：お大事に。

3) －て／ではいけません

　インフルエンザです。学校へ**行ってはいけません**。

はい、わかりました。

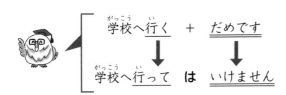　　×禁止　prohibition, 禁止, prohibición ／だめ

練習　言いましょう。それから書きましょう。

教室

先生　　　：田中くん、授業中ですよ。寝てはいけません。
田中くん　：あ、すみません！

··

先生　　　：ポンくん、友だちのテストの答えを1＿＿＿＿＿＿＿＿＿。
ポンくん　：すみません……。
先生　　　：エルダさん、テスト中は友だちと2＿＿＿＿＿＿＿＿＿。
エルダさん：はーい。

[職員室]

転入生　：先生、これからよろしくお願いします。
小林先生：よろしくお願いします。少し校則を説明しますね。
　　　　　学校の建物の中では、くつを3＿＿＿＿＿＿＿＿＿＿＿＿＿＿＿。
　　　　　うわばきをはいてください。
　　　　　それから、昼ご飯はうちから持ってきてください。学校の売店で買ってもいいです。でも、外の店に買いに4＿＿＿＿＿＿＿＿＿＿＿＿＿＿＿。
転入生　：はい、わかりました。先生、学校にスマホを持ってきてもいいですか。
小林先生：いいえ、5＿＿＿＿＿＿＿＿＿＿＿＿＿＿＿。
転入生　：わかりました。

3 欠席の連絡・支援教室

[学校]

林先生：おはようございます。桜中学の林です。
王さん：先生、おはようございます。3年2組の王です。
　　　　インフルエンザなので、学校を休みます。担任の山田先生に伝えてください。
林先生：わかりました。お大事に。

【1週間後】

[支援教室]

木村さん：あ、王さん、久しぶりですね。**どうして先週休んだんですか。**
王さん　：**インフルエンザだったんです。**
木村さん：そうでしたか。大変でしたね。もう、大丈夫ですか。
王さん　：はい。
木村さん：よかったです。

4) どうして-んですか
　　……-んです

チェくん、どうして遅れたんですか。

理由を尋ねる ask the reason, 询问理由, preguntar la razón

すみません。
体育でけがをして、保健室に行ったんです。

理由 reason, 理由, razón

な形容詞・名詞は　-なんです
例：元気なんです・雨なんです

練習　言いましょう。それから書きましょう。

授業中
小林先生：チェくん、どうして遅れたんですか。
チェくん：すみません。体育でけがをして、保健室に行ったんです。

昼休み
田中くん　：きのう、どうして早退したんですか。
エルダさん：1＿＿＿＿＿＿＿＿＿＿＿＿＿＿んです。
田中くん　：今日は大丈夫ですか。
エルダさん：はい、もう大丈夫です。

チェくん：ああ、すごく眠い……。
ポンくん：どうしてそんなに2＿＿＿＿＿＿＿＿＿＿。
チェくん：きのうの夜、12時まで3＿＿＿＿＿＿＿＿んです。

アンさん　：そのパン、4＿＿＿＿全部食べないんですか。
エルダさん：5＿＿＿＿＿＿＿＿＿＿＿＿んです。

11課　病気欠席　119

放課後

アンさん：今日は部活の日ですよね。6_____帰る_____。

田中くん：7_____んです。
　　　　　みんなでレストランでご飯を食べるんです。

....

エルダさん：あれ、もう5時ですよ。
　　　　　　8_____。

ポンくん　：チェくんを9_____んです。

🔊 **自由会話** 王さんと話しましょう。それから書きましょう。

王さん：今、部活をしていますか。

あなた：_____。

王さん：→（「はい」の人）　どうしてその部に入ったんですか。
　　　　→（「いいえ」の人）　どうして部活をしていないんですか。

あなた：_____んです。

王さん：そうですか。私はもうすぐまんがのコンクールがあるので、とても忙しいです。
　　　　あなたは？

あなた：_____ので、
　　　　_____です。

王さん：そうですか。

病気の体験

　先週の日曜日の夜、おなかがとても痛くて、何回もトイレに行きました。気持ちも悪かったです。月曜日、学校を休んで病院へ行きました。私は学校を休んだことがないので、とても残念でした。検査をして、うちに帰りました。
　この病気は他の人にうつるので、3日間、学校へ行ってはいけませんでした。うちでひとりでテレビを見たり、ゲームをしたりしていました。とてもつまらなかったです。今、病気はもう治りました。今度の日曜日は、みんなと遊びに行きたいです。

エルダ・クルーズ

読み物クイズ

①エルダさんは、何曜日まで学校に行ってはいけませんでしたか。
_____。

②どうして、学校へ行ってはいけなかった**のです**か。
_____ので、
行ってはいけませんでした。

③エルダさんは、うちで何をしていましたか。
_____。

読み物の漢字

例　私　[私]（ わたし ）

①気持ち　[　　　]（　　　）　　②休む　[　　　]（　　　）
③残念　　[　　　]（　　　）　　④病気　[　　　]（　　　）
⑤治る　　[　　　]（　　　）　　⑥今度　[　　　]（　　　）

- 病気やけがをしたことがありますか。
- そのとき、何をしてはいけませんでしたか。
- 「－てはいけません」「－ので」を使って書きましょう。
- 小さい病気や小さいけがもOK！

病気／けがの経験

1. ひらがなで、（　）に名詞を書きましょう。＿＿に動詞を書きましょう。

① 熱を＿＿＿＿＿

② 病気が他の人に＿＿＿＿＿

③ けがが＿＿＿＿＿

④ （　　）を＿＿＿＿＿

⑤ （　　）を＿＿＿＿＿

⑥ （　　）をそ＿＿＿＿＿

2. 左の言葉と右の言葉を線で結びましょう。

① 病気で、3日間学校を	・	・ 説明する
② 学校にお弁当を	・	・ 遅れる
③ 漢字がわからないので、先生に	・	・ 休む
④ 転入生に校則を	・	・ 聞く
⑤ 9時に起きて、授業に	・	・ 持ってくる

3. a～dのどれがいいですか。（　）にa～dの記号を書きましょう。

①王さん　　：初めまして。王雪です。（　　）。

②田中くん　：あした、テニスの試合があります。

　エルダさん：そうですか。（　　）。

③アンさん　：きのうの試合、負けました。

　ポンくん　：そうですか。（　　）。

④先生　　　：どうぞ、入ってください。

　チェくん　：（　　）。

| a　失礼します | b　よろしくお願いします |
| c　がんばってください | d　残念でしたね |

11課　病気欠席　123

12課 夏休みの予定

1 国際教室

小林先生：来週から夏休みです。
　　　　　みなさん、夏休みは何をしますか。
アンさん：私はベトナムに帰ります。
小林先生：そうですか。いいですね。いつですか。
アンさん：父は仕事が忙しいので、**いつ帰るか**、まだわかりません。
小林先生：そうですか。チェくんは韓国に帰りますか。
チェくん：ぼくは**帰るかどうか**わかりません。日本で旅行がしたいです。
小林先生：旅行もいいですね。

1）－かどうか

帰る？ 帰らない？　わかりません。
＝
帰るかどうか　　　　わかりません。

動詞 ⇒	帰るかどうか	帰ったかどうか
	辞書形	た形
い形容詞⇒	おいしいかどうか	おいしかったかどうか
な形容詞⇒	元気かどうか	元気だったかどうか
名詞 ⇒	雨かどうか	雨だったかどうか

↑
な形容詞と名詞の「だ」がありません！　元気だ／雨だ＋かどうか

練習 言いましょう。それから書きましょう。

教室

アンさん：夏休み、エルダさんはフィリピンに帰りますか。
エルダさん：帰るかどうか、まだわかりません。
　　　　　　宿題がたくさんあるので、支援教室に行きたいです。

アンさん　　：宿題は難しいですか。
エルダさん：うーん、難しいかどうか知りたいですね。先生に聞きませんか。

放課後
王さん　　：ねえ、アンさん、田中くんに彼女が 1＿＿＿＿＿＿＿＿＿＿＿＿＿＿
　　　　　　知っていますか。
アンさん　：田中くんは彼女がいませんよ。
王さん　　：そうですか。夏休みに田中くんとたくさん遊びたいです。

支援教室
木村さん　　：ポンくんは夏休みにタイに帰りますか。
ポンくん　　：いいえ、祖母が日本に来るので、帰りません。
木村さん　　：そうですか。じゃ、どこか旅行に行きますか。
ポンくん　　：旅行に 2＿＿＿＿＿＿＿＿＿＿＿＿＿＿＿、まだわかりません。
　　　　　　　父と母は仕事が忙しいです。
木村さん　　：エルダさんはお兄さんがいますね。お兄さんは日本語が上手ですか。
エルダさん：家族といつもタガログ語で話すので、3＿＿＿＿＿＿＿＿＿＿＿＿＿＿
　　　　　　　わかりません。
ポンくん　　：みんな！来週の日曜日は雨です。ニュースで聞きました。海の計画は中
　　　　　　　止です。
チェくん　　：まだ 4＿＿＿＿＿＿＿＿＿＿＿＿＿＿＿＿＿＿わかりませんよ。
　　　　　　　天気予報はすぐ変わります。

2）－か

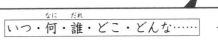

練習 言いましょう。それから書きましょう。

支援教室

木村さん　：あれ？　アンさんがいませんね。エルダさん、**どこに行ったか**知っていますか。
エルダさん：コンビニに行きました。
木村さん　：そうですか。

木村さん：王さんは夏休み、何をしますか。
王さん　：何を1_____まだわかりません。でも、花火を見たいです。
木村さん：そうですか。ポンくんは？
ポンくん：祖母が日本に来ます。いっしょに遊びます。
木村さん：そうですか。どこに行きますか。
ポンくん：2_____まだ決めていません。
木村さん：そうですか。おばあさんとたくさん遊んでくださいね。

チェくん：そのくつ、いいですね。ぼくもほしいです。いくらでしたか。
田中くん：3_____忘れました。でも、安かったです。

2 授業中

小林先生：みなさん、夏休みに勉強する**のを**忘れないでください。
　　　　　夏休みは宿題がたくさんあります。計画的に勉強しましょう。
エルダさん：私は毎日2時間勉強**しようと思っています**。
田中くん　：ぼくは毎日1時間勉強**しようと思っています**。
アンさん　：私は日本の小説を読ん**でみます**。難しいですが、がんばっ**てみます**。
小林先生　：そうですね。それから自由研究もあります。
　　　　　　何をするかわからない**とき**は、教科の先生に聞いてください。
生徒　　　：はい。

3) －（よ）うと思っています

小林先生：みなさん、計画的に勉強しましょう。
エルダさん：私は毎日2時間勉強しようと思っています。

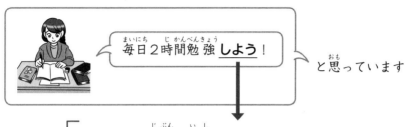

「しよう」は自分の意志 will, 意志, voluntad！
意向形を使います。　→別冊19ページ・練習シートあり

 練習 言いましょう。それから書きましょう。

【支援教室】

木村さん：夏休み、日本語や教科の勉強も大切ですよ。
　　　　　何をしようと思っていますか。
田中くん：ぼくは、毎日1時間勉強しようと思っています。
ポンくん：ぼくは漢字を1_____。
木村さん：漢字を覚えるのは大変ですね。
王さん　：私は日本語で映画を2_____。
木村さん：そうですね。王さんはアニメが好きですね。
アンさん：私は支援教室で宿題を3_____。
　　　　　それから、日本語で小説を4_____。
木村さん：そうですか。アンさんはよく勉強しますね。がんばってくださいね。

【放課後】

林先生　：みんな、夏休みは何をしますか。
アンさん：私はベトナムに帰るので、友だちと5_____。
林先生　：そうですか。楽しみですね。
王さん　：私は日本にいるので、花火を6_____。
林先生　：花火ですか。横浜の花火大会は大きくてにぎやかで、いいですよ。
あなた　：_____。
林先生　：そうですか。

4) ーて／でみる

「ーてみる」の意味はtry ~ing, 试着做～、尝试, probar a ~

入るかどうかわかりません。

はいてみます
て形

練習 言いましょう。それから書きましょう。

くつ屋

店員　　：いらっしゃいませ。
ポンくん：新しいくつを買いたいです。
　　　　　でも、サイズがわかりません。
店員　　：そうですね……。25cmか26cmくらいですね。
ポンくん：じゃ、2足<u>はいてみます</u>。
店員　　：どうですか。
ポンくん：26cmがちょうどいいです。26cmをください。

コンビニ

田中くん　　：あ、エルダさん！
エルダさん：あ、田中くん。
　　　　　　ね、このドーナツを食べたことがありますか。
田中くん　　：いいえ。
エルダさん：これ、おいしそうですが、ちょっと高いです。
田中くん　　：そうですね。高いですね。でも、とてもおいしそうですよ。
エルダさん：じゃ、一つ1＿＿＿＿＿＿＿てみます。

図書室

小林先生：今日は図書室で勉強します。みんな、好きな本を読んでください。
ポンくん：先生、どの本がいいかわかりません。
小林先生：まず、おもしろそうな本を選んでください。そして、少し2＿＿＿みてください。

ポンくん　　：はい。……先生、難しいです。
小林先生　　：そうですか。じゃ、他の本を3_____ください。
ポンくん　　：はい。

|放課後|

エルダさん　：夏休みに、桜高校のオープンキャンパスに4_____みませんか。
王さん　　　：行きたいです！ 田中くんも行くかどうか5_____。
エルダさん　：はい。

行く？　王　田中

5）－とき

0才　5才　8才　10才　12才

10才のとき、日本に来ました。

(名詞)のとき

妹が生まれました。

日本に来ました。

練習1 言いましょう。それから書きましょう。

|放課後|

小林先生　：アンさんは妹さんがいますね。
アンさん　：はい、私が8才のとき、生まれました。とてもかわいいです。
小林先生　：じゃ、今は家族4人で日本に住んでいますか。
アンさん　：はい。

- -

小林先生　：チェくんはアメリカに行ったことがありますね。
チェくん　：はい。1_____、アメリカに行きました。
小林先生　：じゃ、英語は得意ですか。
チェくん　：いいえ……2_____、韓国に帰ったので、あまり得意じゃないです。

0才　5才　8才　10才　13才

アメリカに行きました。　韓国に帰りました。　日本に来ました。

12課 夏休みの予定

支援教室

アンさん：木村さん、今日は、もう帰ります。
木村さん：早いですね。どうしてですか。
アンさん：今日、父は仕事が休みです。休みのとき、いつも家族で外食します。

....

王さん　：木村さん、どうして日本の学校は3＿＿＿＿＿＿＿＿＿＿、
　　　　　ボールペンを使いませんか。
木村さん：さあ、私もわかりません。

テスト

....

ポンくん：木村さん、あした遠足です！
木村さん：いいですね。どこに行きますか。
ポンくん：江の島です。
　　　　　でも4＿＿＿＿＿＿＿＿＿＿、学校で勉強します……。

授業中

先生：みなさん、5＿＿＿＿＿＿＿＿＿＿、まず、どうしますか。
生徒：机の下に入ります。
先生：そうですね。じゃ、6＿＿＿＿＿＿＿＿＿＿、
　　　大切なことは何ですか。
生徒：ハンカチで口を押さえることです。

火事

調理実習

先生　　：アンさんは、切るのが上手ですね。
アンさん：母が7＿＿＿＿とき、いつも私が料理します。

アンさんのお母さん　アンさん

 動詞（辞書形、た形、ない形）＋とき

練習2 言いましょう。それから書きましょう。

掃除の時間

王さん　：アンさんは掃除するとき、いつも
　　　　　マスクをしますね。
アンさん：はい、ほこりがきらいなんです。

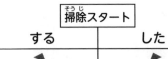
掃除スタート
する　　した
マスクをする　　50円見つける

放課後
チェくん：さっき教室を掃除**した**とき、50円見つけました。
ポンくん：え！いいですね。
チェくん：先生に届けましたよ。

お昼の時間 辞書形、た形　どっち？

王さん　　：エルダさんはスープを1＿＿＿＿＿とき、いつも小さいスプーンを使いますね。
エルダさん：はい。大きいスプーンは好きじゃないです。
　　　　　　大きいスプーンでスープを2＿＿＿＿＿とき、舌をやけどした
　　　　　　ことがあるんです。

休み時間
ポンくん：夏休みに祖母が日本に3＿＿＿＿＿とき、ディズニーランドに行こうと思います。
田中くん：それはいいですね！

王さん　：今朝、学校に4＿＿＿＿＿とき、かわいいネコを見ました！
アンさん：王さんは、本当にネコが好きですね。

休み時間 辞書形、た形、ない形　どれ？　 来る｜学校に日本｜来た

ポンくん：次の体育はプールです。
アンさん：うれしそうですね。私は泳ぐのが下手なので、今日の体育は休みたいです。
ポンくん：あれ？でもアンさんは夏休みに海に行きますよね。海で泳ぎませんか。
アンさん：5＿＿＿＿＿とき、浮き輪を使うので、大丈夫です。

エルダさん：チェくん、この漢字の読み方がわかりますか。
チェくん　：ぼくもわかりません。王さんに聞きませんか。
　　　　　　ぼくは漢字が6＿＿＿＿＿とき、いつも王さんに聞きます。
エルダさん：そうですね。それがいいですね。

王さん　：そのボールペン、かわいいですね。
アンさん：ありがとう。去年ディズニーランドに7＿＿＿＿＿とき、買いました。
王さん　：そうですか。私も夏休みにディズニーランドに行くので、買いたいです。

12課　夏休みの予定　*131*

練習3 言いましょう。それから書きましょう。

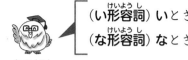
（い形容詞）**い**とき
（な形容詞）**な**とき

体育の時間

先生：来週の授業はプールですが、天気が**悪い**ときは、体育館でダンスをします。
生徒：はい。

··

アンさん：泳ぐのが**いやな**とき、保健室に行こうと思います。
王さん　：え？ だめですよ。先生、怒りますよ。

休み時間

ポンくん　：最近、タイの友だちにとても会いたいです。すごくさびしいです。
エルダさん：1＿＿＿＿＿とき、私はいつもフィリピンの友だちに電話します。
ポンくん　：そうですか。じゃ、ぼくもタイの友だちに電話してみます。

··

王さん　：田中くん、夏休み、2＿＿＿＿＿とき、いっしょに遊びませんか。
田中くん：うーん……いっしょに遊びたいですが、部活があるから、ひまじゃないです。

··

チェくん：きのうゲームをやりすぎました。すごく眠いです。
田中くん：次、テストですよ。
ポンくん：3＿＿＿＿＿とき、ぼくはいつもトイレで顔を洗います。目が覚めますよ。
チェくん：そうですか。じゃ、トイレで洗ってきます。

自由会話 王さんと話しましょう。それから書きましょう。

王さん：次の日曜日、何をしようと思っていますか。
あなた：＿＿＿＿＿＿＿＿＿＿＿＿＿＿＿＿＿＿＿＿＿＿＿＿＿＿＿＿＿＿＿＿＿。
王さん：そうですか。私は何もしません。ひまです。あなたはひまなとき、いつも何を
　　　　しますか。
あなた：＿＿＿＿＿＿＿＿＿＿＿＿＿＿＿＿＿＿＿＿＿＿＿＿＿＿＿＿＿＿＿＿＿。
王さん：そうですか。私もしてみます。

読み物

夏休みの予定

　私は 妹 と8月にラジオ体操をしようと思っています。
　ベトナムでも、朝、たくさんの人が外で体操をしています。おじいさんやおばあさんが多いですが、最近若い人もいっしょに体操しています。
　日本はどんな人が来るかわかりませんが、日本人は親切な人が多いので、心配していません。いろいろな人と話してみたいです。
　でも、一つ心配があります。テレビでラジオ体操を見たとき、簡単そうでしたが、本当に簡単かどうかわかりません。大変だったときは、私ひとりで行こうと思っています。

グエン・アン

読み物クイズ

①アンさんは、8月に何をしようと思っていますか。
_____。

②正しいものに〇、違うものに×を書きましょう
1（　　）ベトナムでは、朝、若い人も、おじいさん、おばあさんも体操しています。
2（　　）日本では、朝、親切な人だけ体操しています。
3（　　）ラジオ体操は簡単かどうかわかりません。
4（　　）ラジオ体操が簡単じゃないとき、アンさんはひとりで行きます。

読み物の漢字　　例　私　[私]（ わたし ）

①妹　　　[　　　]（　　　　）　　②外　　　[　　　]（　　　　）
③親切　　[　　　]（　　　　）　　④多い　　[　　　]（　　　　）
⑤心配　　[　　　]（　　　　）　　⑥本当　　[　　　]（　　　　）

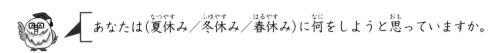

あなたは(夏休み／冬休み／春休み)に何をしようと思っていますか。

(夏休み／冬休み／春休み)の予定

新しい言葉チェック

1. ひらがな、カタカナで（　）に名詞を書きましょう。

① （か　　　） ② （ほ　　　） ③ （マ　　　） ④ （ハ　　　）

⑤ （う　　　） ⑥ （く　　　） ⑦ （し　　　） ⑧ （て　　　）

2. ひらがなで、＿＿に動詞を書きましょう。

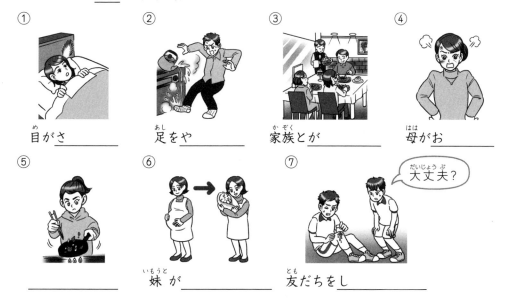

① 目がさ＿＿＿　② 足をや＿＿＿　③ 家族とが＿＿＿　④ 母がお＿＿＿

⑤ ＿＿＿＿　⑥ 妹が＿＿＿＿　⑦ 友だちをし＿＿＿＿

3. どちらが正しいですか。〇をつけましょう。
① くつの [サイズ ・ cm] はどのくらいですか。
② 友だちが国に帰って [たのしい ・ さびしい] です。
③ 夏休みの [予定 ・ 中止] を教えてください。

12課　夏休みの予定

13課 夏休みの一日

1 夏祭り

王さん　：チェくん、遅い！
チェくん：ごめん。
王さん　：みんな、来たね。じゃ、行こうか。
　　　　　　：
チェくん：すごくにぎやかだね！
アンさん：わあ！　わたあめ！　食べたい！
王さん　：私、金魚すくいしたい！
チェくん：日本の盆踊り、おもしろいね。
アンさん：ほんと！　ダンスがちょっと変……。
王さん　：私たちも踊ろうよ。
アンさん・チェくん：うん！

1) 友だち言葉

 ラーメン食べる？　 うん！

友だち、後輩、兄弟など　⇒**友だち言葉**を使います。
先生、先輩、知らない人など　⇒**丁寧な言葉**を使います。

まず、動詞、名詞、い・な形容詞の**普通形**を練習しましょう。
→別冊20ページ・練習シートあり

練習1　普通形を使った文にしましょう。

毎朝、7時に起きます。　　　　　→毎朝、7時に<u>起きる</u>。（動詞）
コンビニでジュースを買いました。→コンビニでジュースを<u>買った</u>。（動詞）
私の髪は短いです。　　　　　　　→私の髪は<u>短い</u>。（い形容詞）
アンさんはとても元気です。　　　→アンさんはとても<u>元気だ</u>。（な形容詞）
アンさんはベトナム人です。　　　→アンさんは<u>ベトナム人だ</u>。（名詞）

①毎晩、10時に寝ます。　→_____。
②テストはとても難しいです。　→_____。
③エルダさんはきれいです。　→_____。
④横浜はにぎやかな町です。　→_____。
⑤ポンくんはタイに帰りました。　→_____。
⑥きのうは勉強しませんでした。　→_____。
⑦1学期の成績はよくなかったです。　→_____。
⑧今日、学校に行きません。　→_____。
⑨これは私の本じゃないです。　→_____。
⑩夏休み、海で泳ぎました。　→_____。

［次は文末表現を普通形にしてみましょう。
　→別冊21ページ

練習2 書きましょう。

　ポンくんは本を読んでいます。　→ポンくんは本を読んでいる。
①新しい先生はやさしそうです。　→_____。
②トイレに行ってもいいです。　→_____。
③UFOを見たことがあります。　→_____。
④ハンカチをかばんに入れておきます。　→_____。
⑤国に帰りたいです。　→_____。
⑥消しゴムを貸してください。　→_____。

［じゃ、友だち言葉を使ってみましょう。
　→別冊22ページ

［あ！ちょっと注意があります！
　会話では、名詞、な形容詞、「－そうだ」の**「だ」がありません！**
　あの人は元気だ　⇒　あの人は元気
　あれは100円だ　⇒　あれは100円

13課　夏休みの一日　*137*

練習3 書きましょう。それから言いましょう。

チェくん：あした、英語のテストがありますか。
アンさん：はい、あります。
→チェくん：あした、英語のテストがある？
　アンさん：うん、ある。

友だち！

① エルダさん：あの人は誰ですか。
　王さん　　：原田さんです。
　→エルダさん：_____?
　　王さん　　：_____。

② ポンくん：テストはどうでしたか。
　王さん　：あまり難しくなかったです。
　→ポンくん：_____?
　　王さん　：_____。

③ 田中くん：富士山に登ったことがありますか。
　チェくん：いいえ、ありません。
　→田中くん：_____?
　　チェくん：_____。

④ アンさん　：あの先生、怖そうです。
　エルダさん：アンさん、声が大きいですよ。
　→アンさん　：_____。
　　エルダさん：_____。

⑤ チェくん：公園に行きませんか。
　ポンくん：はい、行きましょう。
　→チェくん：_____?
　　ポンくん：_____。

⑥ チェくん：そのまんがはおもしろいですか。
　田中くん：はい、おもしろいですが、ちょっと日本語が難しいです。
　→チェくん：_____?
　　田中くん：_____。

王さんと話しましょう。あなたは王さんと友だち！

王さん：いつ日本に来た？

あなた：_____。

王さん：誕生日はいつ？

あなた：_____。

王さん：好きな人、いる？

あなた：_____。

王さん：今、何がほしい？

あなた：_____。

王さん：納豆を食べたことがある？

あなた：_____。

王さん：音楽と体育とどっちが好き？

あなた：_____。

王さん：部活に入っている？

あなた：_____。

王さん：今日、あなたのうちに遊びに行ってもいい？

あなた：_____。

「の」に注意してね！
友だちが**ひとり**でします。　「疑問詞（どこ、いつ、誰、何etc）＋**の**」

王さん

どこに行くの？

コンビニ。

アンさん

アンさんがひとりでコンビニに行きます。

友だちと**いっしょに**します。
「疑問詞（どこ、いつ、誰、何、いくらetc）＋**の**」

王さん

どこで遊ぶ？

公園で遊ぼう。

アンさん

アンさんと王さんがいっしょに公園で遊びます。

練習4　書きましょう。それから言いましょう。

放課後

①王さん：土曜日、何時に会う？

あなた：＿＿＿＿＿＿＿＿＿＿＿＿＿＿＿＿＿＿＿＿＿

②王さん：日曜日、何をするの？

あなた：＿＿＿＿＿＿＿＿＿＿＿＿＿＿＿＿＿＿＿＿＿

③王さん：いつゲームする？

あなた：＿＿＿＿＿＿＿＿＿＿＿＿＿＿＿＿＿＿＿＿＿

疑問詞がないよ！
疑問詞がないとき、質問「今晩、勉強しますか」の意味

④王さん：今晩、勉強する？

あなた：＿＿＿＿＿＿＿＿＿＿＿＿＿＿＿＿＿＿＿＿＿

⑤王さん：本屋に行かない？
あなた：うん、＿＿＿＿＿＿＿＿

「ない形」も の に注意！
－ない？＝誘い
　　invitation, 勧誘、邀请, invitación
－ないの？＝質問
　　question, 询问, pregunta

⑥王さん：部活に行かないの？
あなた：うん、＿＿＿＿＿＿＿＿

2 夏祭りの帰り道

王さん　　：今日、田中くん、来なかった**から**、おみやげ買いたい。
チェくん　：何を買うの？
王さん　　：花火がいいけど、どこで売っているかわからない。
アンさん　：あの店で聞くから、ちょっと、待っていて。
王さん　　：ありがとう。
　　　　　　　　　︙
アンさん　：あの店にあるって。
王さん　　：よかった！

2）－から（理由）

11課で「ので」を勉強しましたね。覚えていますか。
友だちは「から」をよく使います。

 先生、ビザの更新をするので、あした学校を休んでもいいですか。

 アンさん、私、あした学校を休むから、部活の先輩に伝えて。

な形容詞・名詞は「だ」を使います。　例：大変 だ から／テスト だ から

13課　夏休みの一日

練習 「-から」を使って言いましょう。それから、書きましょう。

休み時間

① エルダさん：1_____から、
保健室に行こうと思う。

アンさん：大丈夫？

② チェくん：みんなと2_____から、
ポンくんも来ない？

ポンくん：ごめん。お父さんと3_____から、
行かない。

③ 田中くん：今日は4_____から、部活ないよ。

アンさん：そう。残念……。

「から」は文の最後でも使います。「読み物」でよく使います。
例：読み物
「和也は一日中泣きました。ソラが死んだ**から**です。」
読み物クイズ：どうして和也は一日中泣きましたか。
　　　　答え：ソラが死んだ**から**です。

3) -って／と言っていました

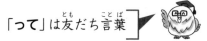

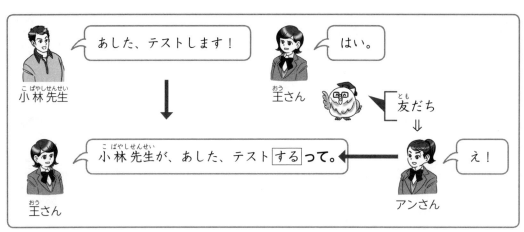

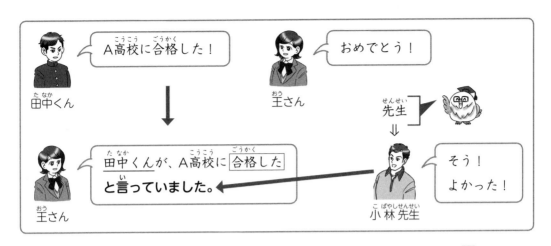

普通形＋って／と言っていました。

な形容詞・名詞は「だ」を使います。例：大変だ／雨だ＋と言っていました

練習 「って」「と言っていました」を使って言いましょう。それから、書きましょう。

教室

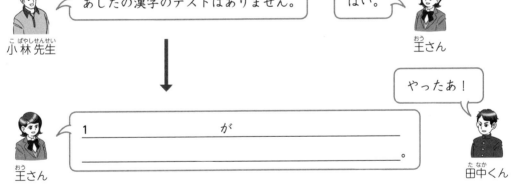

1. _____が_____。

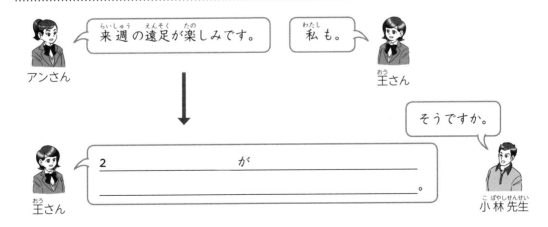

2. _____が_____。

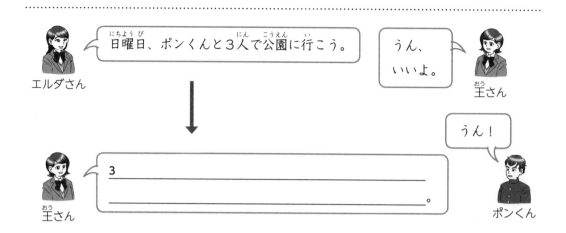

 質問を書いて、友だちに聞きましょう。
それから、先生に報告しましょう。

 友だち言葉で聞きましょう。

質問：＿＿＿＿＿＿＿＿＿＿＿＿＿＿＿＿＿＿＿＿＿＿＿＿＿＿＿＿＿＿＿＿＿＿
＿＿＿＿＿＿さん／くんの答え：＿＿＿＿＿＿＿＿＿＿＿＿＿＿＿＿＿＿＿＿＿＿。

 友だちの答えを先生に「ーと言っていました」を使って、報告しましょう。

王さんの日記

八月九日(土) 今日はチェくんとアンさんと3人で横浜のお祭りに行った。田中くんはかぜをひいたから、来なかった。お祭りはとてもにぎやかだった。みんなで金魚すくいをした。私とアンさんは3匹すくったけど、チェくんは3回チャレンジして、0匹だった。チェくんは金魚すくいがとても下手だ。お祭りの最後は、花火だった。花火はとてもきれいだったけど、中国の花火のほうが大きくて、たくさん上がる。来年は大好きな田中くんと行きたいなあ。

読み物クイズ

①どうして田中くんはお祭りに行きませんでしたか。
_____。
②お祭りはどうでしたか。
_____。
③誰が金魚すくいが下手ですか。
_____。
④中国の花火と日本の花火とどちらのほうが大きいですか。
_____。

読み物の漢字   例 私 [私](わたし)

①今日   [   ](   )   ②お祭り [   ](   )

③最後   [   ](   )   ④花火   [   ](   )

⑤上がる [   ](   )   ⑥来年   [   ](   )

あなたの日記を書いてください。
先週の日曜日、きのう…… 好きな日を書いてください。

普通形を使いますよ！

新しい言葉チェック ✓

1. ひらがなで（　）に名詞を書きましょう。

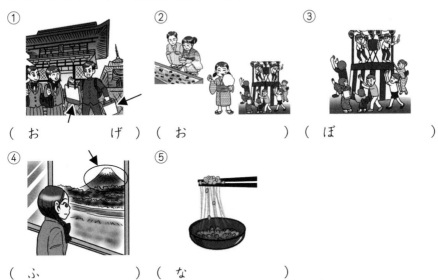

① （お　　げ　） ② （お　　　　） ③ （ぼ　　　　）

④ （ふ　　　　） ⑤ （な　　　　）

2. 正しいものに○をつけましょう。
   ① [成績 ・ 高校 ・ 質問] に合格する。
   ② ビザの [材料 ・ 計画 ・ 料理 ・ 更新]
   ③ [誕生日 ・ テスト ・ 来年 ・ 試合]、おめでとう！

3. ☐から選んで、＿＿に書きましょう。1回だけ使います。
   ①山に＿＿＿＿＿＿＿＿＿　　②花火が＿＿＿＿＿＿＿＿＿
   ③かばんにノートを＿＿＿＿＿＿　④新しいゲームに＿＿＿＿＿＿
   ⑤かぜを＿＿＿＿＿＿＿　　　⑥学校を＿＿＿＿＿＿＿

   ┌──────────────────────────────┐
   │ あがる　チャレンジする　のぼる　やすむ │
   │ ひく　　いれる   │
   └──────────────────────────────┘

14課 遠足・修学旅行

1 教室

先生　：来週の金曜日、海の公園へ行きますね。
　　　　今からしおりを配ります。
王さん　：しおり？
田中くん：ガイドブックだよ。
先生　：まず、2ページ目を見てください。当日の朝7時30分に校庭に集合します。次に、持ち物を見てください。わからないものがありますか。**あったら**聞いてください。
王さん　：「しきもの」は何ですか。
先生　：お弁当を食べるとき、下に敷いて座ります。
王さん　：わかりました。
先生　：天気が**よかったら**、海で遊びましょう。
田中くん：**雨だったら**、どうしますか。
先生　：**雨だったら**、水族館を見学します。

1）－たら／－なかったら①
（－部分は未来のことで、まだどうなるかわからないこと：仮定）

（1）動詞

遠足の日、雨が 降った ら、どうしますか。
　　　　　　　　た形

雨が 降った ら、水族館に行きます。
　　　た形
雨が 降らなかった ら、海で遊びましょう。
　　　なかった形

「もし」といっしょによく使います。

練習 言いましょう。それから書きましょう。

昼休み

タイムマシンがある

アンさん：もし、タイムマシンが1_____ら、何年後に行きたい？
王さん　：そうだね。10年後の自分を見たいな。

チェくん：授業中、言葉が2_____ら、どうする？
ポンくん：先生に聞く。
チェくん：ぼくは先生に聞くのが苦手だ……。

支援教室

木村さん　：もし、地震が3_____、どうしますか。
エルダさん：まず、机の下に入ります。
　　　　　　それから、先生といっしょに逃げます。
木村さん　：そうですね。

地震が来る

アンさん：王さん、よく勉強するね！
王さん　：うん。次のテストで100点
　　　　　4_____、母が新しいかばんを
　　　　　買ってもいいって。
アンさん：いいな。がんばって！

100点を取る

（2）い形容詞

遠足の日、天気が よかった ら、海で遊びましょう。
　　　　　　　　　　た形
天気が よくなかった ら、水族館に行きましょう。
　　　なかった形

練習 言いましょう。それから書きましょう。

支援教室

王さん　　：エルダさんたち、暑そうだね。暑かったら、窓を開けようか。
エルダさん：うん。ありがとう。

14課 遠足・修学旅行

アンさん：王さん、寒そうだね。
　　　　　1_____ら、エアコンを消そうか。
王さん　：うん、お願い。

....

木村さん：ポンくん、問題1が2_____、問題2からやって。
ポンくん：大丈夫です。難しくないです。

....

チェくん：おかし、食べる？
アンさん：3_____、食べる。私、甘いおかしはきらいなの。
チェくん：大丈夫、これは甘くないよ。

（3）な形容詞・名詞

遠足の日、雨だったら、水族館を見学します。
　　　　　　た形
雨じゃなかったら、海で遊びます。
　　　　　なかった形

練習 言いましょう。それから書きましょう。

支援教室
王さん　　：エルダさん、チョコレート、好き？ 好きだったら食べて。
エルダさん：うん、大好き。ありがとう。

放課後
ポンくん：今度の土曜日、部活の練習は休み？
ルイくん：まだわからないな……。
ポンくん：もし、1_____ら、いっしょに遊ぼう。

....

エルダさん：日曜日、ひま？ 2_____、カラオケに行かない？
アンさん　：うん、いいよ。

....

王さん　：魚、きれいだね。気持ちよさそう。
田中くん：うん。でも、ぼくがもし、3_____、広い海を泳ぎたいな。

2）ーたら② （ー部分は未来のことだけど、もう決まっていること：確定）

朝、**起きたら**、まず何をしますか。 → ？

まず顔を洗います。

練習 言いましょう。それから書きましょう。

授業中
小林先生：チェくん、教科書は？
チェくん　：あ、机の中にあります。
小林先生：授業が始まったら、すぐに準備してくださいね。

テスト中
小林先生：名前を1＿＿＿＿＿＿＿ら、テストを始めてください。
　　　　　全部2＿＿＿＿＿＿＿ら、出してもいいです。
　　　　　　　　終わる

昼休み
エルダさん：今日、授業が3＿＿＿＿＿＿＿、どうする？
　　　　　　　　　　　　　　終わる
アンさん　：部活に行く。
エルダさん：ちょっと相談したいことがあるから、夜、電話してもいい？
アンさん　：うん。じゃあ、うちに4＿＿＿＿＿＿＿、私が電話するよ。

放課後
田中くん：日曜日は何するの？
王さん　：家族と新宿に行く。まずレストランに行って、
　　　　　ご飯を5＿＿＿＿＿＿＿、デパートで買い物するの。
田中くん：へえ、いいね。

14課　遠足・修学旅行　151

2 教室

小林先生：来週、北海道へ修学旅行に行きますね。
　　　　　王さん、北海道へ行ったことがありますか。
王さん　：いいえ……。飛行機で行きますか。
小林先生：はい、飛行機で行きます。
　　　　　最近、みなさん遅刻が多いですが、遅刻したら大変です。
　　　　　「待って」と言っても、飛行機は待ちません。
　　　　　絶対に遅れないでくださいね。
田中くん：はい、わかりました。

待って〜

3）－て／でも

（1）動詞

先生、言葉がわかりません。

（辞書を）見ても、わかりません。

辞書を見ましたか。

辞書を見る　＋　でも、わかりません。
　　　　　↓　　　　　　　↓
辞書を　見て　も　わかりません。
　　　　て形

練習 言いましょう。それから書きましょう。

小林先生：田中くん、この言葉、前にもう勉強しましたね。忘れましたか。
田中くん：すみません、言葉が多いので、勉強しても、すぐ忘れます……。

チェくん　：先生、この問題はわかりませんでした。
小林先生：ちゃんと考えましたか。
チェくん　：はい、でも、1＿＿＿＿＿＿も、わかりませんでした。

ホームルーム

エルダさん:先生、雨が降ったら、遠足は中止ですか。
先生　　　:いいえ、雨が2＿＿＿＿＿＿＿も、行きます。水族館なので、大丈夫です。

授業中

田中くん:卒業したら、さようならだね。
王さん　:え？3＿＿＿＿＿＿＿、遊ぼうよ。

コンビニ

アンさん　:そのカード、どうやって使うの？
エルダさん:お店の人に使い方を聞いたけど、説明を4＿＿＿＿＿＿＿、

よくわからなかった……。

支援教室

ポンくん　:木村さんは、中学校を休んだことがありますか。
木村さん　:いいえ、一度も休んだことがありません。学校が大好きだったので、かぜを
　　　　　5＿＿＿＿＿＿＿、学校に行きました。

（2）い形容詞

このゲーム、おもしろそう。安かったら買おうかな？ エルダさんは？

私はゲームが好きじゃないから、安くても、買わない。

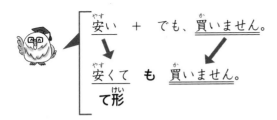

練習　言いましょう。それから書きましょう。

支援教室

チェくん:先生、きのうの夜、あまり寝なかったので、眠いです……。
木村さん:来週からテストですよ。眠くても、がんばってください！

木村さん：日曜日、うちに遊びに来ませんか。ここから遠いですけど。
王さん　：わあ、うれしいです！1＿＿＿＿＿＿も、行きたいです。
木村さん：それから、私はエアコンがきらいなので、うちでは、
　　　　　　　　2＿＿＿＿＿＿＿＿も、エアコンをつけません。大丈夫ですか。
アンさん：大丈夫です。うちわを持っていきます！

[昼休み]
王さん　　：エルダさん、野菜サラダ、食べないの？体にいいよ。
エルダさん：体に3＿＿＿＿＿＿、好きじゃないから、野菜は食べたくない。

（3）な形容詞・名詞

先生、あした、雨だったら、遠足は中止ですか。

いいえ、雨でも行きますよ。雨具を持ってきてくださいね。

雨だ ＋ でも、行きます。
　↓
雨で　も　行きます。
て形

[練習] 例を見て言いましょう。それから書きましょう。

[ポンくんの家]
ポンくんの母：ポン、掃除して！
ポンくん　　：きれいだよ。掃除したくないよ。
ポンくんの母：きれいでも、掃除して！1週間掃除していないのよ。

[放課後]
ポンくん：日曜日、ひまだったらカラオケに行かない？
田中くん：うーん、でも歌が下手だから、カラオケはあまり行きたくないな。
ポンくん：大丈夫。ぼくもそうだけど、歌が1＿＿＿＿＿＿＿も、楽しいよ。

支援教室

木村さん：あしたから夏休みですね。みなさん、たくさん遊んでください。

ポンくん：はい！

田中くん：ぼくは2_____、部活がありますから、毎日学校へ行きます。

木村さん：そうですか。それは大変ですね。

....

ポンくん：木村さんはよくまんがを読んでいますね。大人ですよね。

木村さん：3_____、まんがを読みますよ。大人もまんがが好きです。

3 教室

先生　　：あしたから修学旅行ですね。集合時間と場所は大丈夫ですか。
　　　　　……田中くん、うるさいですよ。静かにしてください。

田中くん：はい、すみません。

先生　　：集合時間に遅れたら大変ですから、あしたは少し早く来てください。
　　　　　今晩はよく寝てくださいね。

生徒たち：はい、わかりました。

4）ーく／に＋[動詞]

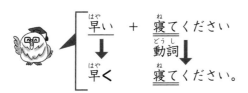

練習1 言いましょう。それから書きましょう。

ホームルーム

先生　　：集合時間に遅れたら大変ですから、あしたは少し早く来てください。
　　　　　今晩はよく寝てくださいね。

生徒たち：はい、わかりました。

田中くんの家

田中くん　　　：お母さん、今日は試験1週間前だから、部活がない。
田中くんの母　：じゃあ、1_____帰るのね……試験勉強がんばってね。
田中くん　　　：うん、4時ごろ帰って、勉強するよ。

教室

ポンくん　　　：先生、小さくてよく見えません。もっと2_____書いてください。
小林先生　　　：小さいですか。わかりました。

調理実習

家庭科の先生：今日は、ハンバーグを作ります。まずタマネギを3_____切ります。
　　　　　　　それからフライパンで炒めます。
　　　　　　　……みなさん、ハンバーグは上手にできましたか。
生徒たち　　：はい。とてもおいしそうです。

タマネギ

```
　　　上手な　　＋　できました。
　　　　↓　　　　　　↓
　　　上手に　　　　動詞
　　　　　　　　　できました。
```

練習2　言いましょう。それから書きましょう。

図書館

王さん　　　：みんな1_____勉強しているね。
　　　　　　　　　　静かな

エルダさん：あしたから試験だからね。私たちも2_____勉強しよう。
　　　　　　　　　　　　　　　　　　　　　　　　まじめな

王さん　　　：見て。あそこの公園で、小さい子が3_____遊んでいる。
　　　　　　　　　　　　　　　　　　　　　　　　　元気な

エルダさん：ああ、子どもは試験がないからいいな……。

自由会話 王さんと話しましょう。それから、書きましょう。

王さん：大人になったら、どこに旅行に行きたいですか。私はフランスに行きたいです。
あなた：＿＿＿＿＿＿＿＿＿＿＿＿＿＿＿＿＿＿＿＿＿＿＿＿＿＿＿＿＿＿＿＿＿＿。
王さん：そうですか。じゃ、そこに行って、もし、道がわからなかったらどうしますか。
あなた：＿＿＿＿＿＿＿＿＿＿＿＿＿＿＿＿＿＿＿＿＿＿＿＿＿＿＿＿＿＿＿＿＿＿。
王さん：そうですか。じゃ、レストランで、どんな料理かよくわからなくても、食べますか。
あなた：＿＿＿＿＿＿＿＿＿＿＿＿＿＿＿＿＿＿＿＿＿＿＿＿＿＿＿＿＿＿＿＿＿＿。

読み物

修学旅行に行って

　私は初めて北海道に行きました。とても広くて、空気がきれいでした。農家の仕事を手伝いました。友だちといっしょに畑に行って、ジャガイモを植えました。天気がよくて、気持ちがよかったですが、とても疲れました。畑の仕事は本当に大変です。でも、農家の方は、おいしい野菜ができたらとてもうれしいので、年を取ってもずっと続けたいと言っていました。私も機会があったら、またやりたいです。

　　　　　　　　　　　　　　　　　　　　　　　　　　　　　　　王雪

読み物クイズ

①王さんは修学旅行でどこに行きましたか。　＿＿＿＿＿＿＿＿＿＿＿＿＿＿＿＿。
②王さんはどんな仕事をしましたか。　＿＿＿＿＿＿＿＿＿＿＿＿＿＿＿＿＿＿。
③農家の方は、仕事をやめたいと言っていますか。どうしてですか。
＿＿＿＿＿＿＿＿＿＿＿＿＿＿＿＿＿＿＿＿＿＿＿＿＿＿＿＿＿＿＿＿＿＿＿＿。

読み物の漢字　　例　私　[私]（ わたし ）

①広い　　[　　　]（ 　　　 ）　　②空気　[　　　]（ 　　　 ）
③仕事　　[　　　]（ 　　　 ）　　④畑　　[　　　]（ 　　　 ）
⑤農家　　[　　　]（ 　　　 ）　　⑥野菜　[　　　]（ 　　　 ）

作文

あなたの学校の修学旅行はどこへ行きますか。
そこへ行ったら何がしたいですか。

「−たら」「−ても」を使って書きましょう。
3年生の人は「たら・ても」使わなくてもいいです！

修学旅行

新しい言葉チェック

1. ひらがな、カタカナで（　）に名詞を書きましょう。

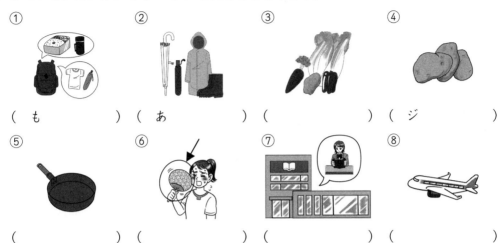

① （ も　　　　） ② （ あ　　　　） ③ （　　　　　　） ④ （ ジ　　　　）

⑤ （　　　　　　） ⑥ （　　　　　　） ⑦ （　　　　　　） ⑧ （　　　　　　）

2. ◻ から適当な言葉を選んで（　）にa～lの記号を書きましょう。
   ① 暑いので、窓を（　）　② あしたは雨が（　）　③ 校庭に花を（　）
   ④ 水族館を（　）　⑤ みんなにしおりを（　）　⑥ みんな年を（　）
   ⑦ 8時に駅に（　）　⑧ タマネギを（　）　⑨ 学校にお弁当を（　）
   ⑩ どの部活に入るか友だちと（　）　⑪ 8時50分に授業が（　）　⑫ 地震が（　）

a くばる	b くる	c もってくる	d あける
e しゅうごうする	f ふる	g そうだんする	h うえる
i けんがくする	j とる	k はじまる	l いためる

14課　遠足・修学旅行

15課 職場体験

1 ホームルーム

林先生：来月、職場体験学習をします。
　　　　みなさんの家や学校の近くにどんな職場がありますか。
チェくん：レストランとかコンビニとか……。
アンさん：ケータイのお店。
林先生：はい。他にも、いろいろありますね。
　　　　学校、保育園、老人ホーム……。どんな所で働きたいですか。
アンさん：先生、日本語がまだ上手じゃありませんから、心配です。
林先生：心配しなくてもいいです。職場の人はみんな親切ですよ。
　　　　先輩に去年の体験を聞いたり、うちの人と話をしたりしながら、考えて
　　　　みてください。

1）－なくてもいいです

 日本語がまだ上手じゃないので、心配です。

心配しなくてもいいです。

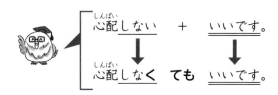

練習 言いましょう。それから書きましょう。

ホームルーム

アンさん：先生、日本語がまだ上手じゃありませんから、心配です。
先生　　：心配しなくてもいいです。職場の人はみんな親切ですよ。

･･･

先生　　：来週の月曜日は振替休日です。
チェくん：「ふりかえきゅうじつ」ですか。
先生　　：はい。土曜日に学校に来たので、来週の月曜日はお休みです。
　　　　　学校に1_____なくてもいいです。
生徒　　：やったー！

休み時間

田中くん：あした、午後の授業、ないよね？ お弁当、持ってくるの？
アンさん：ううん。部活もないから、お弁当は2_____てもいいと思うよ。

国語の時間

王さん　：先生、習字の筆や紙、買いますか。
先生　　：筆は買ってください。でも、紙は3_____ても
　　　　　いいです。学校にあります。

音楽の時間

先生　　：では、みんなで歌ってみましょう。
　　　　　あ、エルダさんはかぜをひいているから、
　　　　　4_____よ。
エルダさん：はい。

病院

医者　　：かぜですね。
田中くん：はい。今日は学校を休みますか。
医者　　：熱がないから、5_____よ。

テニス部の練習
先輩　　：じゃ、みんなでトラック５周、走るぞ！
田中くん：先輩、今日はかぜで体調があまりよくないです。
先輩　　：そうか。じゃ、田中は6_____よ。ベンチで見学して。
田中くん：すみません。

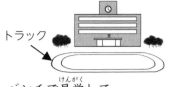

2) －ながら

音楽を聞きます　＋　走ります。
↓
音楽を聞き　ながら　走ります。

重要　important, 重要, importante

ぼくは音楽を聞きながら走ります。

練習　言いましょう。それから書きましょう。

支援教室
王さん　　：公園で、朝、たくさんの人が音楽を聞きながら走っていました。
木村さん：そうですね。みんな、音楽を聞きながら、何かするのが好きですね。
王さん　　：そうですね。
　　　　　　アンさんも、よく音楽を1_____。
　　　　　　木村さんはどうですか。
木村さん：私はよく歌を2_____。
王さん　　：そうですか。

木村さん：今日は暑いですね。
　　　　　　あの子、アイスクリームを3_____
　　　　　　歩いていますよ。
　　　　　　あ、あそこの男子、4_____
　　　　　　います。
　　　　　　みなさんは危ないから、しないでくださいね。
王さん　　：はい。あ、あの車の人、危ないです！
　　　　　　5_____。
木村さん：ほんと！危ないですね！

2 ホームルーム

林先生　：職場体験、どこに行くか決めましたか。うちの人や先輩に話を聞きましたか。
チェくん：はい、部活の先輩に聞きました。先輩はコンビニに
　　　　　行った**そうです**。
　　　　　とても忙しかった**そうです**。

林先生　：そうですか……。コンビニの仕事は
　　　　　どんな仕事だと言っていましたか。
チェくん：商品を棚に並べたり、レジを打ったり
　　　　　した**そうです**。

3) －そうです（聞いたとき）

うちの人や先輩に話を聞きましたか。

チェくん：先輩、今度職場体験があります。先輩はどこに行きましたか。
先輩　　：コンビニに行ったよ。
チェくん：どうでしたか。
先輩　　：とても忙しかった。

はい。先輩はコンビニに行ったそうです。とても忙しかったそうです。
　　　　　　　↑　　　　　　　　　　　↑
　　　　　　普通形　　　　　　　　　普通形

そうですか。

15課　職場体験　163

練習 言いましょう。それから書きましょう。

ホームルーム

林先生：先輩やうちの人にどんな仕事か聞きましたか。

チェくん：先輩、コンビニの仕事はどんな仕事でしたか。
先輩　　：商品を棚に並べたり、レジを打ったりした。

チェくん：はい。先輩は商品を棚に並べたり、レジを打ったりしたそうです。

アンさん　　：お母さん、老人ホームでどんな仕事をするの？
アンさんの母：食事の世話をしたり、車いすを押していっしょに散歩したりするわよ。
アンさん　　：そうなんだ。

アンさん：母は1_____。

放課後

アンさん：私は子どもが好きだから、職場体験、幼稚園に行きたいな……。
王さん　：クラスの友だちに聞いてみたよ。

2_____そうだよ。

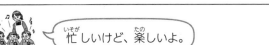 忙しいけど、楽しいよ。　　友だち

アンさん：じゃあ、幼稚園に決めた！
チェくん：ぼくは中華料理が好きだから、中華料理のお店で働きたいな。
ポンくん：友だちのお父さんがお店で働いているよ。

3_____よ。

 お客さんがたくさん来て、大変だよ！

「忙しいそうです」(15課) と「忙しそうです」(9課) は意味が違いますね。
「忙しいそうです」(15課)　⇒　聞いたとき……「い」がある。
「忙しそうです」(9課)　　⇒　見たとき　……「い」がない。

3　ホームルーム

先生：あしたから職場体験ですね。
　　　先週それぞれ職場に行って、話を聞きましたね。
　　　職場でどんなことに気をつけますか。
生徒A：言葉づかいです。
先生：そうですね。言葉づかいですね。
　　　友だち言葉を使ってはいけません。
　　　丁寧な言葉を使います。
　　　態度にも気をつけましょう。
　　　それから絶対遅刻しないでください。
　　　何時までに行きますか。
生徒A：ぼくは8時までに行きます。
生徒B：私は8時半までに行きます。
先生：じゃ、みなさん、今夜は早く寝ましょう。

○（丁寧な言葉）
すみません。わからないので、教えてください。

×（友だち言葉）
これ、わからないな……。

4）ーまでに

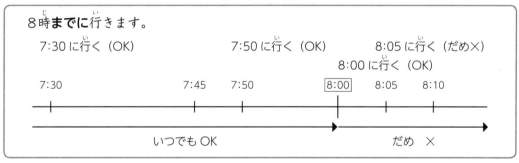

 2課「ーからーまで」をチェック！
例：午後7時から9時まで、勉強します。

15課　職場体験

練習 「まで」と「まで|に|」、どちらですか。例を見て言いましょう。それから書きましょう。

[公園]
王さん　：アンさん、今日、何時<u>まで</u>大丈夫？
アンさん：5時半。お母さんが6時<u>までに</u>帰ってって……。
王さん　：私も同じ。じゃあ、5時半<u>まで</u>おしゃべりしよう。

[図書館]
王さん　　　：これ、お願いします。
図書館の人　：はい。貸し出しは2週間ですから、25日1_____返してくださいね。
王さん　　　：はい、わかりました。

今日
2019年5月

[ファミレス]
ポンくん：王さん、ぼくも本を借りようと思っているんだけど、図書館は何時2_____？
王さん　：5時3_____だよ。
ポンくん：今、4時半だから、まだ大丈夫だね。行ってくる。

[図書館]
ポンくん　　：来週の月曜日4_____この本を借りたいです。
図書館の人　：はい、大丈夫です。再来週の水曜日5_____返してください。
ポンくん　　：ありがとうございます。

[田中くんの家]
田中くんの母：今日はおばあちゃんが来るから、6時6_____帰るのよ。
田中くん　　：うん、でも5時半7_____部活がある……。
田中くんの母：ちゃんと6時8_____帰るのよ！
田中くん　　：はーい……。

4 チェくんの家

チェくんの母：あしたから職場体験でしょう。もう準備したの？
チェくん　　：ううん、まだ。
チェくんの母：ゲームをやめて、早く準備し**なさい**。
チェくん　　：は〜い。
チェくんの母：準備したら、早く寝**なさい**。
チェくん　　：は〜い。

5）-なさい

早く寝ます ＋ なさい
↓
早く寝 なさい

早く寝なさい。

練習　例を見て、言いましょう。それから書きましょう。

「-なさい」は指示の言葉
先生 ⇒ 生徒
親　 ⇒ 子ども

朝、王さんの家
王さんの母：8時よ。早く起きなさい。
王さん　　：う〜ん……今、起きる……。

田中くんの家
田中くんの母：何をしているの？ 学校に遅刻するでしょ。
　　　　　　　早く1_____。
田中くん　　：今、行くよ。

チェくんの家
チェくんの母：部屋が汚い！ 2_____。
チェくん　　：この本を読んだら、すぐ片づけるよ。

「-なさい」はテストの指示文でよく使います。

自由会話 王さんと話しましょう。それから書きましょう。

王さん：次のテストまでに、何の勉強をがんばりますか。
　　　　私は数学のドリルをがんばります。

あなた：_____。

王さん：そうですか。私は音楽を聞きながら勉強するのが好きです。あなたは何をしながら勉強しますか。

あなた：_____。

王さん：そうですか。あなたの近くの人に、次のテストまでに何をがんばるか聞いてください。そして私に教えてください。

あなた：_____。

王さん：ありがとう。

読み物

職場体験をして

幼稚園に行って

　私は子どもが好きなので、幼稚園に行きました。子どもたちといっしょに外で遊びました。子どもたちはよく泣いたり、けんかしたりしていました。
　幼稚園の先生は、心配しなくてもいいと言っていましたが、易しい言葉を考えながら、子どもたちと話すのが難しかったです。
　幼稚園の仕事はとても忙しくて大変な仕事ですが、子どもたちの笑顔をたくさん見て、うれしかったです。

グエン・アン

読み物クイズ

①アンさんはどうして幼稚園に行きましたか。

_____。

②アンさんは幼稚園で何が難しかったですか。

_____。

③アンさんは何がうれしかったですか。

_____。

読み物の漢字

例　私　[私]（ わたし ）

①幼稚園　[　　　]（　　　　）　②心配する　[　　　]（　　　　）
③言葉　　[　　　]（　　　　）　④考える　　[　　　]（　　　　）
⑤難しい　[　　　]（　　　　）

作文

あなたはもう職場体験をしましたか。

はい　⇒　どこで働きましたか。何をしましたか。どうでしたか。

いいえ　⇒　どこで働きたいですか。そこで何をしたいですか。

職場体験

1. ひらがな、カタカナで(　)に名詞を書きましょう。

   ① (く　　) ② (ト　　) ③ (べ　　) ④ (ふ　　)
   ⑤ (ケ　　) ⑥ (フ　　) ⑦ (お　　) ⑧ (　　　)

2. ひらがなで(　)に名詞を書きましょう。＿＿に動詞を書きましょう。

   ① (と　)と　け＿＿＿＿
   ② (じ　)中に　お＿＿＿＿
   ③ (　　)と　さ＿＿＿＿
   ④ (が　)に　ち＿＿＿＿

3. どんな職場ですか。□から選んで、＿＿に書きましょう。1回だけ使います。
   ①子どもたちと外で遊んだり、いっしょに歌を歌ったりします。＿＿＿＿
   ②車いすを押したり、食事の世話をしたりします。＿＿＿＿
   ③商品を並べたり、レジを打ったりします。＿＿＿＿

コンビニ　老人ホーム　幼稚園

16課 トラブル

1 王さんの家

王さんの母：最近、元気じゃないわね。どうしたの？
王さん　　：うん……最近、エルダさんに悪口を**言われ**たり、**無視され**たりするの。
王さんの母：どうして？
王さん　　：わからない。
王さんの母：それは困ったわね。
　　　　　　二人でよく話した**ほうがいい**わよ。
王さん　　：うん。

1）－に－（ら）れます①

友だちは 私を 無視します

⇒

私は 友だちに 無視されます

「いやな気持ち」のときは、これ！

「無視されます」は受身形です。
　→別冊23ページ・練習シートあり

注意！「私は<u>友だちに</u>無視されます」　⇒　にです！

練習 言いましょう。それから書きましょう。

休み時間

田中くん：きのうは最悪だった。

ポンくん：どうしたの？

田中くん：まず、朝寝坊して遅刻して……小林先生[に]怒られた。

怒る

ポンくん：それは大変だったね……。

田中くん：まだ、たくさんあるんだ。家に帰るときにとなりの家の
　　　　　犬1[　　]＿＿＿＿＿＿＿。
　　　　　それから、公園で遊んでいたら、蚊2[　　]＿＿＿＿＿＿＿＿＿。
　　　　　家に帰ったら、弟3[　　]ケータイを＿＿＿＿＿＿＿。

ほえる

刺す

ポンくん：え!? どうして？

田中くん：けんかしたんだ。
　　　　　そして、お母さん4[　　]０点の漢字テストを
　　　　　＿＿＿＿＿＿＿。

壊す

ポンくん：本当に最悪な一日だったね……。

見る

支援教室

王さん　：木村さん、どうしよう。さいふをなくしました。

木村さん：え！ どこで？

王さん　：今日、地下鉄がすごく混んでいて、乗るときに後ろの人
　　　　　5[　　]＿＿＿＿＿＿んです。
　　　　　それで、横浜で電車を降りて、かばんを見たらさいふが
　　　　　ありませんでした。

押す
盗む

木村さん：たぶん、誰か6[　　]＿＿＿＿＿＿＿わね。
　　　　　いっしょに警察に行きましょう。

王さん　：はい。

2) −に−（ら）れます②

「いやな気持ちじゃない」受身形もあります。
先生 ：名前を呼ばれたら、前に来てください。
生徒 ：はい。
　　　　　　　⋮
先生 ：テスト、がんばりましたね。よくできました。
ポンくん：ありがとうございます。
　　　　　　　⋮
ポンくん：先生にほめられた。
アンさん：よかったね。

練習1 言いましょう。それから書きましょう。

教室
先生：名前を呼ばれたら、前に来てください。
生徒：はい。

ポンくんの家
ポンくん　　　：お母さん、ただいま。今日、学校でいいことがあったよ。
ポンくんの母：何があったの？
ポンくん　　　：テスト、がんばりましたねって、先生1[　　]　　　　　　　　　　。
ポンくんの母：あら、そうだったの。よかったね。

王さんの家
王さん　　：お母さん、小川さんに日曜日いっしょに
　　　　　　遊ぼうって2＿＿＿＿＿＿＿＿＿＿。
王さんの母：そう。日本人の友だちができて、よかったね。

日曜日、いっしょに遊ぼう。
小川さん　王さん
誘う

公園
チェくん：あ！お母さん3[　　]買い物[　　]
　　　　　のを忘れていた。もう帰るね。
田中くん：じゃ、ぼくも帰るよ。

頼む

練習2 例を見て、○をつけましょう。それから言いましょう。

誰がしますか。よく考えてから、答えましょう。
お母さん は 田中くんのテストを見る。
田中くんはお母さん に テストを見られる。

田中くん　お母さん

支援教室

木村さん：今日は3時からクリスマス会をします。
　　　　　チェくん、コンビニでジュースとおかしを買ってきて。
王さん　：はい。
　　　　　　　：
ポンくん：チェくん、どこに行くの？
チェくん：コンビニ。木村さんに買い物を［　頼んだ　・　(頼まれた)　］んだ。

―――――――――――――――――――――――――

アンさん　：あれ？私のコーラがない。ここに置いたの。
エルダさん：ああ、王さんが1［　飲んでいた　・　飲まれていた　］よ。
アンさん　：そう。ま、いいか。

―――――――――――――――――――――――――

田中くん　：王さん、こっち2［　見て　・　見られて　］！
王さん　　：え？……田中くん、食べているとき、写真を撮らないで！
　　　　　　　　：
エルダさん：王さん、どうしたの？
王さん　　：食べているとき、田中くんに名前を3［　呼んで　・　呼ばれて　］、それで、
　　　　　　写真を4［　撮った　・　撮られた　］。私、すごく変な顔だったの。
エルダさん：それはいやだね。

3）－ほうがいいです

王さん　　　：最近、エルダさんに悪口を言われたり、
　　　　　　　無視されたりするの。
王さんの母　：それは困ったわね。二人でよく 話した ほうがいいわよ。
　　　　　　　それから、ひとりで 考えすぎない ほうがいいわよ。

強い助言 (advice, 出主意, consejo) や
指示 (instruction, 指示、命令、吩咐, instruccíon, orden) で使います。

た形、ない形を使います。
話したほうがいいです　考えすぎないほうがいいです

練習　言いましょう。それから書きましょう。

保健室
保健の先生：王さん、どうしましたか。
王さん　　：頭が痛いです。
保健の先生：熱を測りましょう。……熱がありますね。
　　　　　　早退したほうがいいです。

下校
先生　　：あれ？ 田中くん、まだ、いたの。
　　　　　もう暗いから、早く1＿＿＿＿＿＿＿＿ほうがいいよ。
田中くん：はい。部活で遅くなりました。もう帰ります。さようなら。
先生　　：さようなら。気をつけて。

支援教室
エルダさん：ここ、わかりません。
木村さん　：まず、自分でよく考えて。
エルダさん：はあ……数学、きらい。チェくん、答えを見せて。
チェくん　：あしたテストだから、自分で2＿＿＿＿＿＿＿＿＿＿＿。

....

木村さん：アンさん、眠そうですね。
アンさん：大丈夫です。
チェくん：アンさんは、きのうの夜、寝ていません。ずっとゲームをしていました。
木村さん：そうですか。夜遅くまで3＿＿＿＿＿＿＿＿ほうがいいですよ。

....

王さん：う～ん、おなかが痛い……。
あなた：大丈夫？ 4＿＿＿＿＿＿＿＿＿＿ほうがいいよ。
王さん：わかった。そうする。

16課　トラブル

2 王さんの家

王さん　　　：お母さん、エルダさんと仲直りしたよ。
王さんの母：そう、よかったね。
王さん　　　：うん。エルダさんは、最近、私がいつも日本人
　　　　　　　の友だちと話しているから、さびしかったって。
王さんの母：ああ、そうだったの……。
王さん　　　：修学旅行の**あとで**、日本人の友だちができて、エルダさんとあまり話
　　　　　　　さなかったの。
王さんの母：そう。
王さん　　　：文化祭の**前に**、仲直りできて、よかった。文化祭は、いっしょにいろい
　　　　　　　ろ見たいから。

4）ー前に／ーあとで

日本に 来る 前に、ひらがなを勉強した？

うん、勉強した。

ぼくは日本に 来た あとで、ひらがなを勉強したから、大変だった。

動詞：辞書形、た形を使います。　来る 前に／ 来た あとで
名詞：「の」を使います。文化祭 の 前に／文化祭 の あとで

練習　「前に／あとで」を使って言いましょう。それから書きましょう。

木村さん：日本に来る［　前に　・　あとで　］、漢字を勉強しましたか。
アンさん：はい。

休み時間

ポンくん：ね、今日部活が終わったら、ぼくの家で遊ばない？
田中くん：ごめん。部活が1_____［　前に　・　あとで　］、
　　　　　王さんと買い物に行くんだ。
ポンくん：そう。じゃ、また今度。

....

エルダさん：テストの勉強を全然していない。どうしよう。王さんは？
王さん　　：私はちゃんとしているよ。
エルダさん：いつ、勉強しているの？
王さん　　：ゲームを2_____［　前に　・　あとで　］、勉強するの。
　　　　　　ゲームをしたら、勉強するのを忘れるから。
エルダさん：そうか。今日から私もそうする。

....

アンさん：見て！幼稚園の子どもの絵！
チェくん：幼稚園の子ども？そうか。
　　　　　アンさんは職場体験で幼稚園に行ったね。
アンさん：うん。職場体験3_____［　前に　・　あとで　］、幼稚園で
　　　　　会った子どもたちに手紙を書いたの。これは、手紙のお礼の絵。うれしい。
チェくん：よかったね。かわいい絵だね。

....

ポンくん：ね、今日授業が4_____［　前に　・　あとで　］、
　　　　　掃除の時間がある？
田中くん：あるよ。

自由会話　王さんと話しましょう。それから、書きましょう。

王さん：日本に来る前に、カタカナを勉強した？
あなた：_____。
王さん：そう。私はカタカナがきらい。きらいでも覚えたほうがいい？
あなた：_____。
王さん：わかった。アドバイス、ありがとう。
　　　　ところで、今日学校が終わったあとで、いっしょに遊ばない？
あなた：_____。

16課　トラブル　177

読み物

王さんの日記

10月20日

修学旅行のあとで、エルダさんとあまり話をしなかった。だから、今日エルダさんにごめんねと言った。そして、エルダさんと仲直りした。よかった！日本の友だちも大切だけど、エルダさんも大切な友だちだ。

次の日曜日、小川さんとエルダさんと3人で遊びたいから、誘ってみよう。友だちはたくさん作ったほうがいい。

それから、今日は先生に「日本語がとても上手になったね」とほめられた。うれしかった。これから文化祭の準備で忙しい。でも、日本語の勉強もがんばろうと思う。

今日はいいことがたくさんあった！

読み物クイズ

①正しいものに○、正しくないものに×を書きましょう。
1（　）王さんは、エルダさんだけが大切な友だちだ。
2（　）王さんは、文化祭の前に、エルダさんと仲直りした。
3（　）王さんは文化祭の準備をしない。

②王さんは、どうしてエルダさんにごめんねと言いましたか。
_____。

③王さんは、どうして日本語の勉強をがんばろうと思っていますか。
_____。

読み物の漢字　　例　私　[私]（ わたし ）

①大切　　[　　　]（　　　　）　　②旅行　　[　　　]（　　　　）
③次　　　[　　　]（　　　　）　　④作る　　[　　　]（　　　　）
⑤文化祭　[　　　]（　　　　）

作文

日記を書きましょう。いいことがありましたか。いやなことはありませんでしたか。

いいこと

- うれしかったことは何ですか。
- 先生にほめられたことがありますか。
- 友だちと遊んで楽しかったことは何ですか。
- テストの点数がよかったことでもOKです。

いやなこと

- テストの点数が悪かったことがありますか。
- 友だちや兄弟とけんかしたことがありますか。
- 友だちに無視されたり、悪口を言われたりしたことがありますか。
- 先生や家族に怒られたことがありますか。

「**受身形、前に、あとで**」を使ってみましょう。

日記

1. ひらがな、カタカナで(　)に名詞を書きましょう。＿＿に動詞を書きましょう。

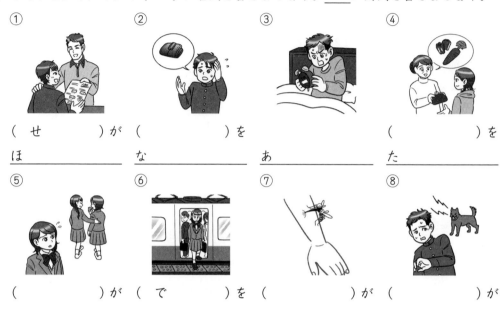

① (せ)が ほ＿＿＿
② (　　)を な＿＿＿
③ あ＿＿＿
④ (　　)を た＿＿＿
⑤ (　　)が ＿＿＿
⑥ (で)を ＿＿＿
⑦ (　　)が ＿＿＿
⑧ (　　)が ＿＿＿

2. どれが適当ですか。〇をつけましょう。
　①悪口を [のむ ・ いう ・ よぶ ・ する]
　②[いい ・ きれいな ・ こわい ・ くらい]点数
　③[さいふ ・ トラブル ・ ちかてつ ・ アドバイス]が混む
　④A：[どうですか。・ どうしたの？ ・ どうしよう。・ どうする？]
　　B：ケータイがないの。

17課 文化祭

1 ホームルーム

先生　　　：あしたのホームルームは、文化祭について話します。
ポンくん　：先生！ 文化祭は何ですか。
先生　　　：学校のお祭りです。教室に絵や習字を展示します。
　　　　　　それから、クラスのみんなで合唱をしたり、劇をしたりします。
　　　　　　みんなで何をしましょうか。みなさんは何が**できますか**。
ポンくん　：エルダさんはピアノを弾く**ことができます**！
エルダさん：ポンくんは歌が上手です。英語の歌も歌う**ことができます**。
　　　　　　ミュージカルはどうですか。
先生　　　：いいですね。じゃあ、みんなで、何をするかもう少し考えてみましょう。
　　　　　　あしたのホームルームのとき、決めましょう。

1）－ができます

ダンスができますか。

ダンス が できます。
名詞　　　能力
能力 ability, 能力, capacidad

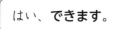
はい、できます。

ぼくはできません。

練習 言いましょう。それから書きましょう。

休み時間

エルダさん：文化祭のとき、クラスでミュージカルをしよう！
　　　　　　私はダンス[が]できるよ。
　　　　　　王さんとポンくんは何[が]できる？
王さん　　：私は1_____[　　]できる。
ポンくん　：ぼくは2_____[　　]_____。
エルダさん：うーん、でも、ミュージカルだから、ちょっと……。

一輪車

手品

2）ーことができます

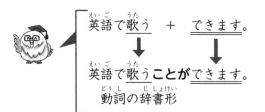

ポンくんは英語で歌うことができます。

練習 言いましょう。それから書きましょう。
休み時間

エルダさん：文化祭のとき、ミュージカルをするよ。ポンくんは何[を]することができる？

ポンくん　：あっ、ぼく、ギター[を]弾くことができる。

王さん　　：私はリコーダー1[　　]　　　　　　　　　　　　。
　　　　　　それから、ミュージカルの服2[　　]　　　　　　　　　　　　。

エルダさん：王さんは絵も上手だから、
　　　　　　　　3　　　　　　[　　]　　　　　　　　　　ね？

王さん　　：うん！

作る

3）可能形

歌うことができる ＝ 歌える
　　　　　　　　　　可能形

可能形　→別冊24ページ・練習シートあり

練習 2)の練習を可能形で言いましょう。それから、書きましょう。
休み時間

エルダさん：文化祭のとき、ミュージカルをするよ。ポンくんは何[が]できる？

ポンくん　：あっ、ぼく、ギター[が]弾ける。

王さん　　：私はリコーダー1[　　]　　　　　　。
　　　　　　それから、私はミュージカルの服2[　　]　　　　　　　　　　。

エルダさん：王さんは絵も上手だから、
　　　　　　　　3　　　　　　[　　]　　　　　　　　ね？

王さん　　：うん！

2 教室

田中くん　：あしたは文化祭だね。
エルダさん：うん、楽しみだね。あ、歌が聞こえる。
田中くん　：うん、本当だ。
　　　　　　2年生かな？一生懸命、練習してるね。
　　　　　　…
エルダさん：あ、今日は富士山が見えるよ！
　　　　　　あしたの文化祭もいい天気かなあ。
田中くん　：うん。

4) 聞こえる、見える（無意志的な動作）

| 音楽が聞こえる | 音楽を聞く ← 意志的な動作 |

| 富士山が見える | テレビを見る ← 意志的な動作  |

機械の性能は、「-ことができる」や可能形を使うよ。
性能　performance, 性能, rendimiento
スマホは、音楽が聞けます。サッカーも見ることができます。

練習　「聞こえます」「見えます」・「聞けます」「見られます」を使って言いましょう。
　　　　それから書きましょう。

[昼休み]
エルダさん：あ、小林先生！窓の外を見てください。ほら、富士山が1_____。
小林先生　：あ、本当。きれいですね。

17課　文化祭　*183*

エルダさん：あ、2年生の合唱の歌が2＿＿＿＿＿＿＿＿。今朝も歌っていました。
小林先生　：2年生もがんばっていますね。
エルダさん：先生、それは何ですか。
小林先生　：これは、きのうの文化祭のリハーサルのビデオです。みんなで見ましょう。
エルダさん：どこで3＿＿＿＿＿＿＿か。
小林先生　：コンピュータ室のパソコンで4＿＿＿＿＿＿＿。
エルダさん：はい。あっ、先生、ミュージカルのBGMのCDを持ってきました。
小林先生　：それもパソコンで5＿＿＿＿＿＿＿よ。
エルダさん：ありがとうございます。あしたの文化祭、楽しみです。

3　文化祭の日・教室

田中くん：アンさんのクラスは何をするの？
アンさん：合唱。私たちが歌う歌は、ディズニーの曲だよ。
田中くん：へえ。早く聞きたいな。ね、ポンくん。
ポンくん：うん、聞きたい！
　　　　　アンさん、あれ、ぼくが書いた漢字だよ。
　　　　　2年生のとき、漢字がきらいだったけど、
　　　　　今は好きになった。たくさん書けるようになったからね。
アンさん：上手だね！

5）名詞修飾　Noun modification, 名词修饰句节, Sentencia modificadora del sustantivo

私たちが歌う｜歌｜はディズニーの曲です。

（い形容詞）　短い
（な形容詞）　きれいな
（名詞）　　　日本の　　　　　＋　｜歌｜　⇒
（動詞）　　　きのう歌った
　　　　　　　普通形

短い｜歌｜
きれいな｜歌｜
日本の｜歌｜
きのう歌った｜歌｜

練習 例を見て、言いましょう。それから書きましょう。

文化祭の日・廊下

王さん　　　　　　：あ、アンさんのお母さん！こんにちは。
アンさんのお母さん：こんにちは。アンが歌う時間は何時からですか。
王さん　　　　　　：2時半からです。
アンさんのお母さん：ありがとう。

王さん　　　　　　：ここは3年生の教室です。どうぞ見てください。
　　　　　　　　　これはポンくんが1＿＿＿＿＿＿＿漢字です。
アンさんのお母さん：上手ですね。王さんの漢字はどれですか。
王さん　　　　　　：私は絵を描きました。
　　　　　　　　　これが2＿＿＿＿＿が＿＿＿＿＿絵です。
アンさんのお母さん：王さんも上手ですね。

ホームルーム

小林先生：今日の1分間スピーチは、王さんです。では、王さんどうぞ。
王さん　：はい。私の宝物はこの本です。
　　　　　去年、中国の本屋で3＿＿＿＿＿＿本です。だから、中国語です。
　　　　　でも、日本人の作家が4＿＿＿＿＿＿本です。
　　　　　とってもおもしろかったです。
田中くん：今5＿＿＿＿＿＿本はどんな本ですか。
王さん　：今は日本語でまんがを読んでいます。

6) －く／に＋なる

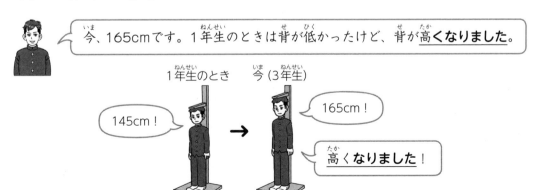

今、165cmです。1年生のときは背が低かったけど、背が高くなりました。

1年生のとき　　今(3年生)

145cm！

165cm！

高くなりました！

 変化

い形容詞＋なる	な形容詞＋なる	名詞　＋なる
高~~い~~くなる	好きだ になる	友だちだ になる

練習 言いましょう。それから書きましょう。

教室

王さん　　：おはよう！　あれ？　小川さん、髪を切ったの？　たくさん切ったね。
小川さん：おはよう。うん、短くなったでしょ。

―――――――――――――――――――――――――――――

エルダさん：今日はちょっと寒いね。
王さん　　：うん。あしたはもっと1＿＿＿＿＿なるそうだよ。
エルダさん：えー。私、寒いの苦手。

支援教室

木村さん：きのうの文化祭、どうでしたか。
ポンくん：とっても楽しかったです。初めはダンスが下手だったけど、
　　　　　たくさん練習をしたので、2＿＿＿＿＿なりました。
木村さん：へえ。がんばりましたね。

―――――――――――――――――――――――――――――

田中くん　　：きのうエルダさんといっしょにいた人は誰？
エルダさん：私のいとこよ。
田中くん　　：ぼく、友だちに3＿＿＿＿＿＿＿＿＿＿たいなあ。
エルダさん：いいよ！　田中くん、4好き＿＿＿＿＿＿＿＿＿の？
田中くん　　：違うよ!!　英語が話せる友だちがほしいんだ。

―――――――――――――――――――――――――――――

木村さん：あれ？　チェくん、元気がないですね。どうしたんですか。
チェくん：アイスクリームを食べたら、おなかが5痛＿＿＿＿＿＿＿。
木村さん：それは大変！　病院へ行きましょう。
チェくん：はい。

7)［動詞の可能形］＋ようになります

納豆が食べられなかった。　　納豆が食べられるようになった。　　変化

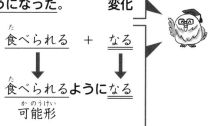

練習 言いましょう。それから、書きましょう。

[支援教室]

アンさん：木村さん、日本人はみんな納豆が好きですか。
木村さん：きらいな人もいますよ。アンさんは好きですか。
アンさん：はい。小学生のとき、納豆がきらいでした。
　　　　　でも、今、食べられる<u>ようになりました</u>。

王さん　：アンさん、それ何？
アンさん：青汁。
王さん　：え、青汁！アンさん、飲めるの？
アンさん：うん。前はきらいだったけど、今は1_____なったよ。

[休み時間]

田中くん：ぼくの弟、小学校の3年生だけど、ひとりで寝られなくて、困るよ。
　　　　　王さんは、何才のとき、ひとりで2_____？
王さん　：私は6才のとき。
　　　　　田中くん、朝、ひとりで3_____のは、何才？
田中くん：5才のとき。

8) —は—ことです

王さんの将来の夢は何ですか。

私の夢は、先生になることです。

私の夢は　先生　です。
　　　　　名詞

私の夢は　先生になる　こと　です。
　　　　　　　　動詞

練習　言いましょう。それから、書きましょう。

国語の授業

先生　　　：卒業式のとき体育館に貼る「自分史」を書きます。
　　　　　　何才のとき、どんな夢がありましたか。少し話してから書きましょう。

エルダさん：はい。小学生のときの夢は、外国で1_____でした。
　　　　　　今の夢は、アメリカで2_____です。

 仕事する
 ダンスする
小学生のとき　　　今

ポンくん　　：ぼくの小学生のときの夢は、3_____でした。
　　　　　　今の夢は、4_____です。

 宇宙に行く
 医者になる
小学生のとき　　　今

自由会話 王さんと話しましょう。それから書きましょう。

王さん：私の学校から富士山が見えるよ。あなたの学校から何が見える？

あなた：_____。

王さん：ところで、私は英語の歌を歌えるけど、あなたは歌える？

あなた：_____。

王さん：ふーん。ねえ、上手になりたいことがある？ それは何？

あなた：_____。

読み物

私の夢

　私は、まんが部に入りました。絵を描くことが好きだからです。そして、いろいろな絵を描きました。そして、上手に絵が描けるようになりました。

　それから、まんがも描きました。まんがを描くのは、とても難しかったです。はずかしいですから、まだ、友だちに見せていません。

　これからも、いろいろな絵やまんがを描きたいと思います。私の夢は、まんがを描くのが上手になって、私が描いたまんがをたくさんの人に見せることです。

王雪

読み物クイズ

①王さんの部活は何ですか。

_____。

②王さんは、何をすることが好きですか。

_____。

③どうして王さんは友だちにまんがを見せていませんか。

_____。

④王さんの夢は何ですか。

_____。

読み物の漢字

例　私　[　私　]（　わたし　）

① （まんが）部　[　　　　]（　　　　）　②絵　　　[　　　　]（　　　　）
③上手　　　　[　　　　]（　　　　）　④難しい　[　　　　]（　　　　）
⑤友だち　　　[　　　　]（　　　　）　⑥夢　　　[　　　　]（　　　　）

作文

- あなたの夢は何ですか。
- あなたは何ができるようになりたいですか。

私／ぼくの夢

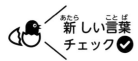

1. ひらがな、カタカナで、(　)に名詞を書きましょう。＿＿に動詞を書きましょう。

① 　② 　③ 　④

①みんなの(　)を　②(　　　)を　③(　　　)が　④中学生に
　＿＿＿＿て　　　＿＿＿＿　　　＿＿＿き　　　＿＿＿＿＿

2. どちらが適当ですか。○をつけましょう。

①[ミュージカル ・ テーマ]の[グラフ ・ パンフレット]を買います。
②[来月 ・ 将来]の[予定 ・ 夢]は[歌手 ・ 曲]になることです。
③[DVD ・ BGM]で[外国 ・ 性能]のミュージカルを見るのが好きです。
④コンピュータ室の[パソコン ・ ケータイ]で映画を見ます。
⑤父の兄の子どもは、私の[そぼ ・ いとこ]です。

18課 卒業式

1 卒業式のあと

木村さん：田中くん、卒業おめでとう。
田中くん：ありがとうございます。
木村さん：それは何ですか。
田中くん：色紙です。テニス部の後輩に**もらいました**。
　　　　　後輩からのメッセージです。
木村さん：へえ。いいですね。
　　　　　王さん、卒業式のスピーチ、
　　　　　とてもよかったですよ。
王さん　：ありがとうございます。
木村さん：きれいな花束ですね。
王さん　：はい、まんが部の後輩が**くれました**。
　　　　　とってもうれしかったです。

1）－は－に－をもらいます

「あげる」は4課で勉強しましたね！

「アンさんは**あげる**」、「王さんは**もらう**」。
同じできごとだけど、2つの言い方ができるね。

アンさんは王さん [に] プレゼント [を] あげました。
王さんはアンさん [に] プレゼント [を] もらいました。

練習　「あげる、もらう」を使って言いましょう。それから、書きましょう。

教室

エルダさん：きのう、お父さんの誕生日だったんだ。
王さん　　：何かあげたの？
エルダさん：うん、ネクタイをあげた。

王さん　　：ねえ、今年のバレンタインデーは
　　　　　　どうだった？
　　　　　　チョコレート、もらった？
ポンくん　：えー、ぼくは1＿＿＿＿＿＿＿＿＿。
田中くん　：ぼくは2＿＿＿＿＿＿＿＿＿よ。
ポンくん　：えっ、誰に3＿＿＿＿＿＿＿の？
田中くん　：うーん……言いたくない……。
　　　　　　王さんは、誰かにチョコを4＿＿＿＿＿＿？
王さん　　：私はお父さんに5＿＿＿＿＿＿＿＿。

[帰り道]
チェくん　：アンさん、きのうは誕生日だったね。おめでとう。
　　　　　　何かもらったの？
アンさん　：うん。6＿＿＿＿＿＿に
　　　　　　＿＿＿＿＿＿＿＿＿＿。
チェくん　：よかったね。

･･･
田中くん　：色紙や花束……。卒業式にはいろいろ
　　　　　　プレゼントをもらったね。
王さん　　：私は後輩に花束を7＿＿＿＿＿＿よ。
　　　　　　それから、木村さんに8＿＿＿＿を＿＿＿＿＿。

2）－は私／ぼくに－をくれます

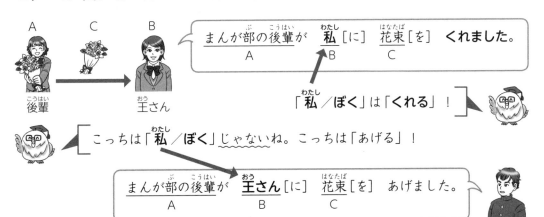

18課　卒業式

練習　「あげる、くれる」を使って言いましょう。それから、書きましょう。

王さんの家

アンさん：わあ、たくさんのプレゼント！　卒業のお祝い？
　　　　　これ、木村さんにもらったの？
王さん　：ううん。木村さんは（私に）このカードを**くれた**の。
アンさん：へえ、すてきなカードだね。

「プレゼント→話している人＝私／ぼくに」のときは、「くれた」だね。
「私に／ぼくに」を言わないときがあるので注意！

王さん　：それから、部活の後輩が1_____を_____。
　　　　　お父さんは新しい時計を2_____よ。
アンさん：王さんもみんなにプレゼントをあげたの？
王さん　：うん。エルダさんにクマのストラップを3_____よ。
　　　　　私と同じストラップ。
　　　　　それから、田中くんにタオルを4_____。
アンさん：へえ。あっ、それ、かわいいかばんだね。
王さん　：これはお母さんが作ったかばん。
　　　　　誕生日に5_____んだ。
アンさん：すてきだね！

教室

田中くん　：先週の日曜、ポンくん、誕生日だったね。
ポンくん　：うん。うちでパーティーをして、家族がプレゼントを6_____。
エルダさん：プレゼントは何だった？
ポンくん　：ずっと前からほしかった本。とてもうれしかった！

休み時間

田中くん：あっ、チェくん、3日も学校を休んだよね。もう大丈夫？
チェくん：うん。もうよくなった。
　　　　　クラスメートがメールを7_____。うれしかった〜。
田中くん：よかったね。

2 卒業式の日・国際教室

「卒業スピーチ」 王雪

　私は1年前に中国から日本に来ました。日本に来たとき、日本語が全然わかりませんでした。とても不安でした。でも、先生はいつも**ゆっくり話してくれました**。友だちもいつも**助けてくれました**。
　友だちといっしょに、お祭りに行ったり、遠足に行ったりして、とても楽しかったです。テストの前にいっしょに勉強して、わからないところを**教えてもらいました**。友だちとけんかしたとき、先生に**相談にのってもらいました**。
　4月から高校生になります。これからも夢の**ために**、勉強と部活をがんばります。そして、後輩たちの日本語や教科の勉強を**手伝ってあげたいです**。
　1年間、どうもありがとうございました。

3）ーは（ーに）ーてあげます／くれます

田中くんは　弟　にチョコを**あげます**。
　　　　　　名詞

似ているね。

18課 卒業式

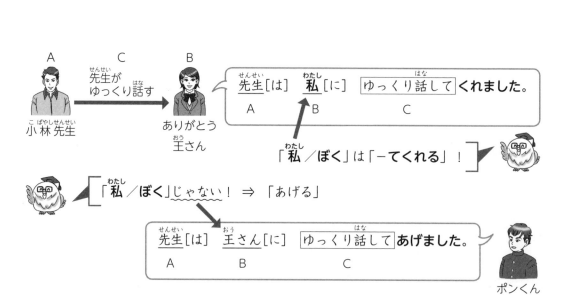

練習 「-てくれます、-てあげます」を使って言いましょう。それから、書きましょう。

休み時間

ポンくん：王さん、きのうの数学の宿題、終わった？
王さん　：うん、終わったよ。田中くんが手伝ってくれた。

支援教室

チェくん　：1月にけがをしたとき、みんな、
　　　　　　いろいろ 1_____ ね。
　　　　　　ありがとう！
木村さん　：あのときは、大変でしたね。
チェくん　：はい。でも、みんな、とても親切でした。
　　　　　　小林先生がお見舞いに 2_____ 。
木村さん　：そうですか。
ポンくん　：ぼくはチェくんの荷物を 3_____ 。
木村さん　：ポンくん、やさしいですね！
エルダさん：私は雨の日にチェくんに傘を 4_____ 。
木村さん　：エルダさんもやさしいですね。

助ける
チェ

お見舞いに来る

傘をさす
荷物を持つ
ポン　エルダ

休み時間

王さん　　：エルダさん、それは何？
エルダさん：地図だよ。土曜日、美術館に行くの。
　　　　　　きのう、木村さんが美術館までの地図を 5描いて＿＿＿＿＿んだ。
　　　　　　王さんもいっしょに行かない？
王さん　　：うん、行く！

4）－は－に－てもらいます

（私[は]）　先生[に]　ゆっくり話して　もらいました。
　A　　　　B　　　　　C

先生が
ゆっくり話す

練習1　「－てもらう」を使って言いましょう。それから、書きましょう。

休み時間

ポンくん：絵の具を持ってきた？
王さん　：ううん、忘れた……。
　　　　　でも、アンさんに絵の具を貸してもらったよ。

アンさんが
絵の具を貸す

田中くん：あ、それ、新しいまんがだね。
王さん　：うん。でも、私のまんがじゃないよ。
　　　　　アンさん1[　　]＿＿＿＿＿＿＿＿＿＿。
田中くん：へえ、ぼくも読みたいな。

アンさんが
まんがを貸す

ポンくんの家

ポンくんのお母さん：お帰り。
ポンくん　　　　　：ただいま。
　　　　　　　　　　今日、教科書を忘れたから、
　　　　　　　　　　となりの王さん2[　　]＿＿＿＿＿＿＿＿。
ポンくんのお母さん：そう。よかったね。

王さんが
教科書を見せる

練習2 「－てくれる、－てあげる、－てもらう」を使って言いましょう。それから、書きましょう。

休み時間

エルダさん：あ、新しいかばん？
王さん　　：うん。お母さんに 1作って_____の。
エルダさん：かわいいね。
　　　　　　あっ、ポンくんのふでばこも新しいね。
ポンくん　：うん。きのう、お父さんに 2買って_____んだ。
　　　　　　前からほしかったふでばこ。

支援教室

エルダさん：きのう、王さんのうちに行きました。私は中国料理がとても好きです。
　　　　　　だから、王さんのお母さんが中国料理を 3作って_____。
木村さん　：へえ。おいしかったですか。
エルダさん：はい、とてもおいしかったです。

「Aさんが（私に）－てくれる」
　　　　　　↑
　　　　普通、ここは言わないよ。

王さんのうち

王さんの母：お帰りなさい。あれ？その傘は？
王さん　　：アンさんが2本持っていたから、私に1本 4貸して_____んだ。
王さんの母：そう。よかったわね。

国際教室

ポンくん：田中くん、「よむ」の漢字を教えて。
田中くん：うん。ポンくんのノートに 5書いて_____。

5）ーために

エルダさんは高校で何がしたいですか。

私はダンサーになるために、ダンスをもっとがんばりたいです。

「私はダンサーに なる ために、ダンスをもっとがんばりたいです。」
　　　　　　　（動詞の辞書形）
　　　　　　　　目的

練習 例を見て、言いましょう。それから、書きましょう。
支援教室

外国で働きたい！
ポンくん

木村さん：ポンくんは高校で何がしたいですか。
ポンくん：外国で働くために、英語をもっと勉強したいです。

木村さん：チェくん、4月から3年生ですね。
チェくん：はい。
　　　　　_____1_____ ために、
　　　　　もっと漢字の勉強をします。
木村さん：そうですか。いっしょにがんばりましょう。

高校に合格したい！
チェくん

木村さん：王さんは高校生になったら、何がしたいですか。
王さん：アルバイトがしたいです。
　　　　_____2_____ ために、
　　　　お金がほしいです。
木村さん：そうですか。
　　　　　アンさんは将来、何がしたいですか。
アンさん：うーん……。まだ、わかりません。
　　　　　でも、高校は王さんと同じ高校に行きたいです。
　　　　　_____3_____ ために、
　　　　　勉強をがんばりたいです。
木村さん：そう、がんばってね。

新しい自転車を買いたい！
王さん

王さんと同じ高校に行きたい!!
アンさん

18課 卒業式　199

国際教室

小林先生：田中くん、卒業ですね。
　　　　　高校でも、テニス部に入りますか。
田中くん：はい、入りたいです。
　　　　　4_____ために、_____。
小林先生：がんばってください！
　　　　　あなたの将来の夢は？
あなた　：将来の夢は、_____です。
　　　　　_____ために、
　　　　　_____。

受験する**ために**、一生懸命勉強します。
　　‖
受験 の

勉強する ⇒ 勉強 の
準備する ⇒ 準備 の   ＋ ために

🔊 自由会話　王さんと話しましょう。それから書きましょう。

王さん：あなたは誕生日に何をもらった？
あなた：_____。
王さん：そう。じゃ、あなたの友だち二人にも聞いて。友だちは何をもらった？
あなた：（友だち：　　　　）さんは_____って。
　　　　（友だち：　　　　）_____って。
王さん：そう。あなたは来年の誕生日に何がほしい？
あなた：_____。

「ありがとう」を言いたい人

　私が「ありがとう」を言いたい人は日本語ボランティアの木村さんです。木村さんは28才で、レストランで働いています。中国語が少し話せます。とても忙しい人ですが、毎週土曜日に支援教室に来て、私たちに日本語を教えてくれました。

　木村さんは私の家の近くに住んでいます。だから、ときどき、いっしょに家でご飯を食べたり、テストの前に勉強を教えてもらったりしました。きのう、卒業のお祝いに、とてもきれいなカードをくれました。うれしかったです。

　木村さんはいつもニコニコしていて、元気な人です。そして、とてもやさしい人です。木村さんのおかげで、私は日本の生活が楽しくなりました。これからも、がんばります。

　木村さん、ありがとうございました。

王雪

読み物クイズ

①正しいものに〇、正しくないものに×を書きましょう。
　1（　　）木村さんは中国語が少しわかります。
　2（　　）王さんは木村さんに日本語を教えてあげました。
　3（　　）木村さんは、王さんとテストの勉強をいっしょにしてくれました。

②木村さんはどこで働いていますか。
_____。

③卒業のお祝いに、王さんは木村さんに何をもらいましたか。
_____。

読み物の漢字

例　私　[　私　]（　わたし　）

①働く　　[　　　]（　　　　）　　②少し　　[　　　]（　　　　）
③教える　[　　　]（　　　　）　　④住む　　[　　　]（　　　　）
⑤卒業　　[　　　]（　　　　）　　⑥お祝い　[　　　]（　　　　）

作文

- 誰に言いたいですか。
- その人はどんな人ですか。
- どんなことをしてくれましたか。
- どう思いましたか。

「ありがとう」を言いたい人

新しい言葉チェック

1. ひらがな、カタカナで（　）に名詞を書きましょう。

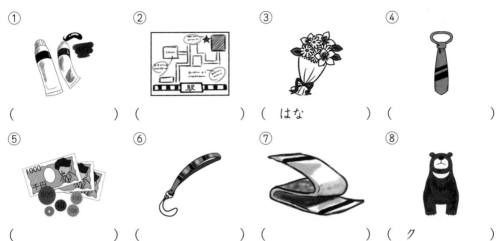

① (　　　　　)　② (　　　　　)　③ (はな)　④ (　　　　　)

⑤ (　　　　　)　⑥ (　　　　　)　⑦ (ク　　　　　)　⑧ (　　　　　)

2. ☐から適当な言葉を選んで＿＿に書きましょう。
①相談に＿＿＿＿＿＿　②傘を＿＿＿＿＿＿　③かぜを＿＿＿＿＿＿
④目が＿＿＿＿＿＿　⑤地震が＿＿＿＿＿＿　⑥レジを＿＿＿＿＿＿
⑦インフルエンザに＿＿＿＿＿＿　⑧写真を＿＿＿＿＿＿

さめる　うつ　さす　ひく　かかる　のる　とる　くる

3. どちらが適当ですか。○をつけましょう。
①病気の友だちの [おいわい ・ おみまい] に行く。
②[ふあんな ・ すてきな] かばんですね。
③きのう、天気予報で雨だと言っていたけど、[ゆっくり ・ やっぱり] 雨だった。

解答
(練習・読み物クイズ・読み物の漢字・新しい言葉チェック)

1課

1 1) 練習 　1 韓国人　2 私、ベトナム人　3 ぼくはタイ人です
　　　　　　　4 じゅうさんさい(13)　5 ぼくはじゅうごさい(15)です

　　2) 練習 　1 何才ですか　2 じゅうごさいです
　　　　　　　3 エルダさんは何才ですか　4 じゅうよんさいです

　　3) 練習1　1 エルダさん、国　2 フィリピン　3 の国はどこですか
　　　　　　　4 タイです

　　　練習2　1 の家　2 関内　3 アンさんの家はどこですか
　　　　　　　4 石川町です　5 の家

　　　練習3　1 電話番号、何番ですか
　　　　　　　2 ぜろきゅうぜろのろくはちななのにによんです
　　　　　　　3 チェくんの電話番号は何番ですか
　　　　　　　4 ぜろはちぜろのさんきゅういちのいちごななです

　　4) 練習 　1 13　2 アンさん、13　3 3　4 田中くん、3年生
　　　　　　　5 横浜　6 チェくんの家も横浜

　　5) 練習 　1 2年生じゃないです　2 関内じゃないです

2 6) 練習 　例：私／ぼくはコーラが好きです

　　7) 練習 　1 は、が、か　2 好きです　3 アンさんは数学が好きですか
　　　　　　　4 好きじゃないです　5 が好きですか　6 好きです
　　　　　　　7 田中くんは音楽が好きですか　8 (ぼくも音楽が)好きです

　　8) 練習 　1 どんな、好きですか　2 例：私はテニスが好きです
　　　　　　　3 どんな、好きですか　4 例：私はラーメンが好きです

読み物クイズ　1 (ポンくんは)15才です　2 (ポンくんの国は)タイです
　　　　　　　3 はい、(ポンくんは日本の歌が)好きです

読み物の漢字　① (じん)　② (さい)　③ (うた)
　　　　　　　④ (にほん／にっぽん)

新しい言葉　　① ベトナム　② ちゅうごく　③ にほん　④ おにぎり
チェック　　　⑤ サンドイッチ　⑥ おべんとう　⑦ おかし
　　　　　　　⑧ ハンバーガー　⑨ パン　⑩ ラーメン　⑪ ケーキ
　　　　　　　⑫ のみもの　⑬ ジュース　⑭ ぎゅうにゅう　⑮ みず

⑯ コーラ　⑰ スポーツ　⑱ サッカー　⑲ やきゅう
⑳ バスケットボール　㉑ すいえい

2課

1　1）練習　1　そこ（あそこ）　2　あそこ　3　そこ、保健室
　　　　　　4　ここは体育館です　5　そこはプールです

　　2）練習　1　コンビニ　2　そこ　3　どこ　4　あそこ
　　　　　　5　ゲームセンター、どこですか　6　そこ
　　　　　　7　文房具店はどこですか　8　ここです
　　　　　　9　映画館はどこですか　10　あそこです

　　3）練習　1　ゲームセンター
　　　　　　2　ゲームセンター、午前10時、午後11時半
　　　　　　3　何時、何時
　　　　　　4　学校、午前8時20分から午後3時50分までです
　　　　　　5　映画館は何時から何時までですか
　　　　　　6　午前9時から午後10時までです

2　4）練習　1　これ　2　それ　3　それ、何　4　これ、ふでばこ
　　　　　　5　あれは何ですか　6　あれはうわばきです
　　　　　　7　これは何ですか　8　それはシャーペンです

　　5）練習　1　その　2　せんはっぴゃく　3　あの、いくら
　　　　　　4　きゅうひゃくにじゅう円です
　　　　　　5　そのぬいぐるみ、いくらですか
　　　　　　6　ろっぴゃくごじゅう円です

　　6）練習　1　この、定規　2　チェくんの
　　　　　　3　このうわばき、誰のうわばき　4　ポンくんのうわばき
　　　　　　5　その消しゴム、誰の消しゴム　6　王さんの消しゴム
　　　　　　7　あのはさみは誰のはさみですか　8　田中くんのはさみです

　　7）練習　1　誰の　2　ポンくんの　3　あのはさみ、誰のですか
　　　　　　4　王さんのです　5　そのシャーペンは誰のですか
　　　　　　6　チェくんのです

3　8）練習　1　前、あります　2　いすの上、います　3　後ろ、います
　　　　　　4　エルダさんがいます　5　前、います

　　9）練習　1　どこ　2　ごみ箱、廊下　3　どこにありますか

		4 ロッカー(の中)にあります　5 どこにいますか
		6 小林先生は職員室にいます
	10) 練習	1 いますか　2 妹がいます　3 (兄弟が)いません
		4 ありますか　5 あります　6 ありません
読み物クイズ		1 (横浜に)田中くんの家があります
		2 はい(、たくさん人がいます)
		3 (「一楽ラーメン」は)横浜駅の近くにあります
読み物の漢字		① (いえ)　② (す)　③ (ちか)　④ (なまえ)
新しい言葉	1	① けしゴム　② はさみ　③ シャーペン　④ ふでばこ
チェック		⑤ じょうぎ　⑥ とけい　⑦ ベッド　⑧ つくえ
		⑨ a. いす　b. テーブル　⑩ うわばき　⑪ くつ
		⑫ ほうき　⑬ ネコ　⑭ いぬ　⑮ ごみばこ
		⑯ ロッカー　⑰ ろうか　⑱ びょういん　⑲ コンビニ
		⑳ こうえん
	2	① ○　② ○　③ ×　④ ×　⑤ ○　⑥ ○
		⑦ ×　⑧ ○　⑨ ○　⑩ ○　⑪ ○　⑫ ×

3課

1	1) 練習	1 掃除します　2 [を]読みます　3 テレビ[を]見ます
		4 (日本語を)勉強しません　5 (まんがを)読みます
	2) 練習	1 田中くん、ポンくん　2 弟[と]　3 ひとりで
	3) 練習1	1 (日本語を)勉強します　2 [で](日本語を)勉強します
		3 うち、(日本語の本を)読みます
	練習2	1 [と]ゲームをします　2 公園[で]、[と]
		3 [で]お母さん[と]
	4) 練習	1 [に／へ]行きます　2 来ます　3 帰ります
		4 [に／へ]帰ります　5 来ます　6 [に／へ]行きます
2	5) 練習	1 7時15分に朝ご飯を食べます
		2 7時半(30分)に学校に行きます
		3 9時から4時まで勉強します
		4 5時半(30分)にうちに帰ります
		5 6時15分に晩ご飯を食べます
		6 7時におふろに入ります

　　　　　　　　　　7　8時から9時まで宿題をします
　　　　　　　　　　8　9時半（30分）に歯をみがきます
　　　　　　　　　　9　10時に寝ます
読み物クイズ　　①　（エルダさんの朝ご飯は）パンと牛乳です
　　　　　　　　②　ダンスの練習をします
　　　　　　　　③　8時半から9時まで宿題をします
　　　　　　　　④　9時半に寝ます
読み物の漢字　　①　（お）　②　（い）　③　（がっこう）　④　（べんきょう）
　　　　　　　　⑤　（かえ）　⑥　（しゅくだい）
新しい言葉　　　①　あさごはん、たべます　　②　のみます
　　　　　　　　③　かお、あらいます
チェック　　　　④　は、みがきます　　⑤　ほん、よみます　　⑥　そうじします
　　　　　　　　⑦　おんがく、ききます　　⑧　はなします
　　　　　　　　⑨　うち／いえ、かえります　　⑩　ねます
　　　　　　　　⑪　テレビ、みます　　⑫　べんきょうします
　　　　　　　　⑬　おふろ、はいります

4課

1　1）練習　　1　勉強しました　　2　行きました　　3　行きました
　　　　　　　4　借りました　　5　買いました　　6　買いました
　　　　　　　7　いませんでした　　8　鳴りましたか　　9　鳴りました
　　　　　　　10　走りましたか
2　2）練習　　1　乗ります　　2　電車　　3　［に］乗ります
　　　　　　　4　新幹線［に］乗り　　5　飛行機［に］
　　3）練習　　1　はし［で］食べます　　2　バス［で］　　3　電車［で］
　　4）練習　　1　ポンくん［に］　　2　あげました　　3　田中くん［に］
　　　　　　　4　返します　　5　［に］会いました
3　5）練習　　1　書きましょう　　2　歌いましょう
　　　　　　　3　掃除しましょう　　4　片づけましょう
　　6）練習　　1　見ませんか　　2　しませんか　　3　帰りませんか
　　　　　　　4　帰りましょう　　5　行きませんか　　6　行きましょう
読み物クイズ　　①　先週、月曜日から土曜日までテニスをしました
　　　　　　　　②　自転車で行きました

		③ アイスとチョコレートを買いました
		④ お父さんと（DVDを）見ました
読み物の漢字		① （れんしゅう）　② （かあ）　③ （か）　④ （た）
		⑤ （とう）　⑥ （み）
新しい言葉		① かいます　② なります　③ はしります
チェック		④ （バス）、のります　⑤ （はな）、あげます
		⑥ かきます／れんしゅうします
		⑦ （せんせい）、あいさつします　⑧ でんわします
		⑨ あいます　⑩ うたいます　⑪ （びょういん）
		⑫ （ひこうき）
		⑬ a （かさ）、かります　b （かさ）、かえします／かします

5課

1	1) 練習1	1 黒い　2 白い　3 おいしい ジュース
		4 黒い かばん　5 白い かばん　6 古い かばん
	練習2	1 難しい　2 忙しいです　3 おいしいです
		4 おもしろいです　5 暑いです
	練習3	1 易しくない　2 よくない　3 新しくない
	2) 練習	1 どんな　2 黒い　3 どんな 人／転入生
2	3) 練習1	1 きれいな　2 元気な
	練習2	1 にぎやか　2 危険です　3 心配です
	4) 練習	1 静かじゃないです　2 元気じゃないです
3	5) 練習	1 絵／まんが、上手です　2 ダンス[が] 上手です
	6) 練習1	1 安いです。【そして】、おいしいです／
		安いです。【そして】、便利です……など
		2 きれいです。【そして】、おいしいです／
		静かです。【そして】、おいしいです……など
	練習2	1 楽しいです【が】、難しいです／
		難しいです【が】、おもしろいです……など
		2 忙しいです【が】、楽しいです／
		楽しいです【が】、忙しいです……など
	7) 練習	1 いっしゅうかん [に] よん　2 いっしゅうかん [に] さんかい
		3 いちにち [に] さんかい　4 いちにち [に] にかい

読み物クイズ　① はい(、入ります)
　　　　　　② ちょっと大変ですが、おもしろいです
　　　　　　③ はい(、毎日勉強します)

読み物の漢字　① (たの)　② (たいいく)　③ (はい)　④ (たいへん)
　　　　　　⑤ (へた)　⑥ (まいにち)

新しい言葉　1　① (クッキー／おかし)、たべます　② てつだいます／します
チェック　　　③ ききます　④ (プール)、はいります

2

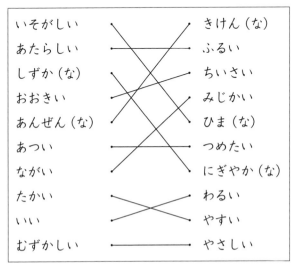

6課

1　1) 練習　1 起きて　2 して　3 消してください　4 してください
　　　　　　5 見てください　6 来てください

2　2) 練習　1 図書館、本を読んで　2 保健室[で]寝ています
　　　　　　3 読んで　4 ジュースを飲んでいます
　　　　　　5 パンを食べています

　　3) 練習　1 横浜に住んでいます　2 働いています　3 働いています
　　　　　　4 しています　5 勉強していますか

3　4) 練習　1 名前を書いて　2 手を洗ってから　3 体操してから
　　　　　　4 そうじしてから

　　5) 練習　1 ご飯を食べ、おふろに入り
　　　　　　2 ゲームをし、(晩)ご飯を食べます
　　　　　　3 宿題をし／勉強をし、描きます

4　6) 練習　1 静かで、きれいです　2 安くて、おいしいです

		3 とてもおもしろくて、楽しいです
		4 にぎやかで、楽しいです　5 例：長く、大きい
		6 例：赤く、長い　7 例：短く、短い
読み物クイズ		① 30分（くらい）です
		② 友だちとゲームの話をします
		③ 元気で、おもしろくて、楽しい人たちです
		④ 家に帰ります
読み物の漢字		①（で）　②（つ）　③（じかん）　④（はなし）
		⑤（げんき）　⑥（お）
新しい言葉	1	① ゾウ　② ウサギ　③ ペンギン　④ はな
チェック		⑤ め　⑥ くび　⑦ みみ　⑧ あし　⑨ こくばん
		⑩ しゃしん
	2	① たいそうする　② はく　③ でる　④ あそぶ
	3	① おぼえる　② かかる　③ すわる　④ けす
		⑤ はたらく

7課

1	1)練習1	1 好きです　2 何、得意です　3 テニス、いちばん得意です
		4 何、いちばんおいしいですか
		5 （ぼくは）カレーがいちばんおいしいです
		6 いつがいちばん寒いです　7 誰がいちばん上手です
		8 いちばん上手です
	練習2	1 何、いちばん　2 いちばん得意です　3 どこ
		4 いちばん行きたいです
	2)練習	1 聞きます　2 します　3 行きます　4 行きません
		5 行きます
2	3)練習	1 行きたいです　2 洗いたいです　3 買いたいです
		4 行きたいです　5 映画を見たいです／映画館に行きたいです
		6 寝たいです　7 行きたいです／行きます
	4)練習	1 ベトナム　2 軽い／便利です
		3 私のうち[より]近いです
	5)練習	1 数学、英語、どちら／どっち　2 （英語より）得意です
		3 のほうが（アメリカより）近いです

			4	東京タワー、どちら、高いですか
			5	のほうが（東京タワーより）高いです
3	6）練習		1 楽しかったです　2 楽しかったです　3 よくなかったです
			4 寒かったです　5 寒くなかったです　6 よくなかったです
			7 よかったです
	7）練習		1 上手でした　2 でした　3 にぎやかじゃなかったです
読み物クイズ		①	いいえ、ありません（週に4回です）
		②	いいえ（、ありませんでした。試合がありました）
		③	（試合の）相手のほうが田中くんより強かったです
読み物の漢字		① （かい）　② （ようび）　③ （しあい）　④ （あいて）
		⑤ （か）　⑥ （ま）
新しい言葉	1	① やま　② みずうみ　③ ゆうえんち
チェック		④ すいぞくかん　⑤ どうぶつえん　⑥ りょこう
		⑦ え　⑧ てんき　⑨ カラオケ　⑩ カレー
		⑪ でんしじしょ　⑫ けしき
	2	① かく　② まつ　③ かつ　④ まける

8課

1	1）練習	1 借り　2 職員室、し　3 出し[に]　4 し[に]
		5 （部室に／へ）着替えに行きます
		6 [に／へ]、勉強しに行きます　7 [に／へ]、しに行きます
		8 [に／へ]、来ます　9 [に／へ]、見に行きます
		10 [に／へ]（お）すしを食べに行きます
2	2）練習	1 終わりました　2 終わっていません　3 終わっていません
		4 覚えました　5 覚えていません
	3）練習	1 見ないで　2 撮らないで　3 触らないで
		4 食べないでください　5 飲まないでください
		6 走らないでください　7 忘れないでください
		8 言わないでください
3	4）練習	1 読んで　2 洗って　3 置いて　4 出して　5 拭いて
読み物クイズ		① （1学期に）2回あります　② はい、します
		③ いいえ、しませんでした
		④ （とても）悪い点でした／悪かったです

読み物の漢字		①（がっき）　②（きょうかしょ）　③（よ）　④（おぼ）
		⑤（わす）　⑥（わる）
新しい言葉	1	①　ふくしゅうする　②　でんき　③　ほんだな
チェック	2	①　みずぎ　②　ボウル、ほうちょう
	3	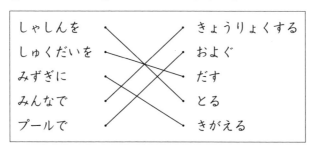
	4	①　かならず　②　もう　③　まだ　④　しっかり
		⑤　すっかり

9課

1	1）練習1	1	1　うれし　2　悲し　3　おいしそうです　4　重そうです
			5　楽しそうです　6　おもしろそうです
	練習2		1　元気そうです　2　いやそうです
	2）練習	1	1　[が] ほしいです　2　くつ [が] ほしいです
			3　服／シャツ [が] ほしいです　4　[が] ほしいです
2	3）練習	1	1　食べ　2　し／やりすぎました　3　歌いすぎました
	4）練習	1	1　高すぎます　2　早すぎます
	5）練習	1	1　ひとつ　2　ふたつ　3　ふたつ　4　みっつ　5　ひとつ
3	6）練習	1	1　髪、長い　2　耳、長い　3　背、高い
	読み物クイズ	1	1　背が高くて、やさしい（人）です。そして、頭がいいです。（それから、ピアノがとても上手です。）
			2　はい（、とても上手です）
			3　はい（、ときどきいっしょに遊びます）
	読み物の漢字		①（しょうかい）　②（せ）　③（たか）　④（あたま）
			⑤（なら）　⑥（あそ）
	新しい言葉	1	①　かみ　②　せ　③　あたま　④　からだ　⑤　ふく
	チェック		⑥　ピアノ　⑦　コンサート　⑧　かしゅ　⑨　ラケット
			⑩　ポテト　⑪　ページ
		2	①　ふとる　②　こわれる　③　ならう　④　わらう

212

　　　　　　　　　　⑤　うんどうする
　　　　　　　3　①　いたい　　②　ねむい　　③　しんぱい　　④　うれしい
　　　　　　　　　⑤　いい

10課

1　1）練習　　1　リレーをした（走った）、綱引き（を）した
　　　　　　　2　例：キャッチボールをした、ランニングをした
　　　　　　　3　例：とび箱をした、ハードルをした、します
　　　　　　　4　例：勉強した、おふろをそうじした、します
　　　　　　　5　例：まんがを読んだ、テレビを見た、します
2　2）練習　　1　歌う　　2　ダンスをするの　　3　ピアノを弾くのが好きです
　　　　　　　4　泳ぐのが好きです　　5　描くのが　　6　絵を描くのが上手です
　　3）練習　　1　吹いた　　2　泳いだ　　3　したこと
　　　　　　　4　作った（した）ことがありません　　5　行ったことがありますか
　　　　　　　6　（行ったことが）ありません
3　4）練習　　1　作る　　2　返す、忘れました　　3　入っているの
　　　　　　　4　ゾウ、絵を描いているの　　5　犬、泳いでいるのを見ました
読み物クイズ　　①　先週の金曜日です／先週の金曜日にありました
　　　　　　　②　小川さんが一生懸命ピアノを弾いているのを見て（みんなはまじめに歌を練習しました）
読み物の漢字　　①　（せんしゅう）　②　（がっしょうさい）　③　（あさ）
　　　　　　　④　（な）　　⑤　（わら）　　⑥　（いそが）
新しい言葉　　1　①　つなひき　　②　リレー　　③　じゅうどう
チェック　　　　④　バレーボール　　⑤　きんトレ　　⑥　ハードル
　　　　　　　⑦　サル　　⑧　おんせん
　　　　　　2　①　（しゃしん）、とる　　②　（ピアノ）、ひく
　　　　　　　③　（リコーダー）、ふく　　④　（とびばこ）、とぶ
　　　　　　3　①　なく　　②　ダンスする　　③　みせる
　　　　　　　④　ゆうしょうする

11課

1　1）練習　　1　[を]見てもいいです
　　　　　　　2　[と]やってもいいです／[に]聞いてもいいです

　　　　　　　　　　3　[で]書いてもいいですか／[を]使ってもいいですか
　　　　　　　　　　4　休んでもいいですか
　　　　　　　　　　5　飲んでもいいですか
　　　2)　練習　　　1　ない　　2　する　　3　例：あしたテストがある
　　　　　　　　　　4　例：新しい服がほしい　　5　例：死んだ
　　　　　　　　　　6　例：甘いものが嫌いな
２　3)　練習　　　　1　見てはいけません　　2　話してはいけません
　　　　　　　　　　3　はいてはいけません　　4　行ってはいけません
　　　　　　　　　　5　持ってきてはいけません
３　4)　練習　　　　1　頭が痛かった　　2　眠いんですか
　　　　　　　　　　3　ゲームをしていた／した　　4　どうして　　5　おなかが痛い
　　　　　　　　　　6　どうして、んですか　　7　母の誕生日な
　　　　　　　　　　8　どうして帰らないんですか　　9　待っている
　　読み物クイズ　　①　水曜日まで学校に行ってはいけませんでした
　　　　　　　　　　②　他の人にうつる
　　　　　　　　　　③　(うちで)ひとりでテレビを見たり、ゲームをしたりしていました
　　読み物の漢字　　①　(きも)　②　(やす)　③　(ざんねん)　④　(びょうき)
　　　　　　　　　　⑤　(なお)　⑥　(こんど)
　　新しい言葉　1　①　はかる　　②　うつる　　③　なおる　　④　(まど)、あける
　　　チェック　　　⑤　(エアコン)、つける　　⑥　(がっこう)、そうたいする
　　　　　　　　2
　　　　　　　　　　①病気で、３日間学校を　　　　　　　　説明する
　　　　　　　　　　②学校にお弁当を　　　　　　　　　　　遅れる
　　　　　　　　　　③漢字がわからないので、先生に　　　　休む
　　　　　　　　　　④転入生に校則を　　　　　　　　　　　聞く
　　　　　　　　　　⑤９時に起きて、授業に　　　　　　　　持ってくる
　　　　　　　　3　①　b　　②　c　　③　d　　④　a

12課

１　1)　練習　　　　1　いるかどうか　　2　行くかどうか　　3　上手かどうか
　　　　　　　　　　4　雨かどうか／中止かどうか
　　2)　練習　　　　1　するか　　2　どこに／へ行くか
　　　　　　　　　　3　いくらか／いくらだったか

2　3）練習　　1　覚えよう／勉強しようと思っています
　　　　　　　2　見ようと思っています　　3　しようと思っています
　　　　　　　4　読もうと思っています　　5　遊ぼう／会おうと思っています
　　　　　　　6　見ようと思っています
　　4）練習　　1　食べ／買っ　2　読んで　3　読んでみて　4　行って
　　　　　　　5　聞いてみます
　　5）練習1　1　5才のとき　2　8才のとき　3　テストのとき
　　　　　　　4　雨のとき　5　地震のとき　6　火事のとき　7　病気の
　　　　練習2　1　飲む　2　飲んだ　3　来た　4　来る　5　泳ぐ
　　　　　　　6　わからない　7　行った
　　　　練習3　1　さびしい　2　ひまな　3　眠い
読み物クイズ　　①　ラジオ体操をしようと思っています
　　　　　　　②　1○　2×　3○　4○
読み物の漢字　①　(いもうと)　②　(そと)　③　(しんせつ)　④　(おお)
　　　　　　　⑤　(しんぱい)　⑥　(ほんとう)
新しい言葉　1　①　かじ　②　ほこり　③　マスク　④　ハンカチ
　チェック　　　⑤　うきわ　⑥　くち　⑦　した　⑧　てんきよほう
　　　　　　2　①　さめる　②　やけどする　③　がいしょくする
　　　　　　　④　おこる　⑤　りょうりする　⑥　うまれる
　　　　　　　⑦　しんぱいする
　　　　　　3　①　サイズ　②　さびしい　③　予定

13課

1　1）練習1　①　毎晩、10時に寝る　②　テストはとても難しい
　　　　　　　③　エルダさんはきれいだ　④　横浜はにぎやかな町だ
　　　　　　　⑤　ポンくんはタイに帰った　⑥　きのうは勉強しなかった
　　　　　　　⑦　1学期の成績はよくなかった　⑧　今日、学校に行かない
　　　　　　　⑨　これは私の本じゃない　⑩　夏休み、海で泳いだ
　　　　練習2　①　新しい先生はやさしそうだ　②　トイレに行ってもいい
　　　　　　　③　UFOを見たことがある　④　ハンカチをかばんに入れておく
　　　　　　　⑤　国に帰りたい　⑥　消しゴムを貸して
　　　　練習3　①　エルダさん：あの人は誰
　　　　　　　　王さん　　　：原田さん

② ポンくん：テストはどうだった

　王さん　：あまり難しくなかった

③ 田中くん：富士山に登った（が）ことある

　チェくん：ううん、ない

④ アンさん　：あの先生、怖そう

　エルダさん：アンさん、声が大きいよ

⑤ チェくん：公園に行かない

　ポンくん：うん、行こう

⑥ チェくん：そのまんがはおもしろい

　田中くん：うん、おもしろいけど、ちょっと日本語が難しい

練習4 ①例：11時に会おう。／11時はどう？　②例：友だちと遊ぶ。
③例：日曜日にしよう。／日曜日にしない？
④例：うん、する。／ううん、しない。
⑤例：行こう。／行く。／いいよ。　⑥行かない。

2 2) **練習**　1 頭が痛い　2 サッカーをする　3 映画を見る　4 雨だ

3) **練習**　1 小林先生、あしたの漢字のテストはないって
　2 アンさん、来週の遠足が楽しみだと言っていました
　3 エルダさんが日曜日（ポンくんと）3人で公園に行こうって

読み物クイズ　① かぜをひいたからです　② にぎやかでした
③ チェくんです／チェくんが（金魚すくいが）下手です
④ 中国の花火のほうが（日本の花火より）大きいです

読み物の漢字　①（きょう）　②（まつ）　③（さいご）　④（はなび）
⑤（あ）　⑥（らいねん）

新しい言葉チェック
1 ① おみやげ　② おまつり　③ ぼんおどり
④ ふじさん　⑤ なっとう
2 ① 高校　② 更新　③ 誕生日
3 ① のぼる　② あがる　③ いれる　④ チャレンジする
⑤ ひく　⑥ やすむ

14課

1 1) (1) **練習**　1 あった　2 わからなかった　3 来たら　4 取ったら
(2) **練習**　1 寒かった　2 難しかったら　3 甘くなかったら
(3) **練習**　1 休みだった　2 ひまだったら　3 魚だったら

	2）練習	1 書いた　2 終わった　3 終わったら　4 帰ったら
		5 食べたら
2	3）(1) 練習	1 考えて　2 降って　3 卒業しても　4 聞いても
		5 ひいても
	(2) 練習	1 遠くて　2 暑くて　3 よくても
	(3) 練習	1 下手で　2 夏休みでも　3 大人でも
3	4）練習1	1 早く　2 大きく　3 小さく
	練習2	1 静かに　2 まじめに　3 元気に
読み物クイズ		① 北海道に行きました
		② 農家の仕事をしました（手伝いました）／ジャガイモを植えました
		③ いいえ、（やめたいと言っていません。）おいしい野菜ができたらうれしいからです
読み物の漢字		①（ひろ）　②（くうき）　③（しごと）　④（はたけ）
		⑤（のうか）　⑥（やさい）
新しい言葉チェック	1	① もちもの　② あまぐ　③ やさい　④ ジャガイモ
		⑤ フライパン　⑥ うちわ　⑦ としょかん
		⑧ ひこうき
	2	① d　② f　③ h　④ i　⑤ a　⑥ j
		⑦ e　⑧ l(c)　⑨ c　⑩ g　⑪ k　⑫ b

15課

1	1）練習	1 来　2 持ってこなく　3 買わなく
		4 歌わなくてもいいです　5 休まなくてもいいです
		6 走らなくてもいい
	2）練習	1 聞きながら、ダンスします／しています
		2 歌いながら、料理します／しています
		3 食べながら
		4 スマホ（ケータイ）を見ながら、歩いて
		5 スマホ（ケータイ）を見ながら、運転しています
2	3）練習	1 食事の世話をしたり、車いすを押していっしょに散歩したりするそうです
		2 忙しいけど、楽しい

		3 お客さんがたくさん来て、大変だそうだよ
3	4)練習	1 までに　2 まで　3 まで　4 まで　5 までに
		6 までに　7 まで　8 までに
4	5)練習	1 行きなさい　2 片づけなさい／掃除しなさい
	読み物クイズ	① 子どもが好きだからです
		② 易しい言葉を考えながら、子どもたちと話すのが難しかったです
		③ 子どもたちの笑顔をたくさん見て、うれしかったです
	読み物の漢字	① （ようちえん）　② （しんぱい）　③ （ことば）
		④ （かんが）　⑤ （むずか）
	新しい言葉	1　① くるま　② トラック　③ ベンチ　④ ふで
	チェック	⑤ ケータイ　⑥ ファミレス　⑦ おや　⑧ いしゃ
		2　① （ともだち）、けんかする　② （じゅぎょう）、おしゃべりする
		③ （いぬ）、さんぽする　④ （がっこう）、ちこくする
		3　① 幼稚園　② 老人ホーム　③ コンビニ

16課

1	1)練習	1 [に]ほえられた　2 [に]刺された
		3 [に]、壊された　4 [に]、見られた　5 [に]押された
		6 [に]盗まれた
	2)練習1	1 [に]ほめられた　2 誘われた　3 [に]、[を]頼まれた
	練習2	1 飲んでいた　2 見て　3 呼ばれて　4 撮られた
	3)練習	1 帰った　2 例：考えた／やったほうがいいよ
		3 ゲームをしない　4 例：保健室に行った／帰った
2	4)練習	1 終わったあとで　2 する前に　3 のあとで
		4 終わったあとで／始まる前に
	読み物クイズ	① 1×　2○　3×
		② 修学旅行のあとで、エルダさんとあまり話をしなかったからです
		③ 先生に「日本語がとても上手になったね」とほめられたからです
	読み物の漢字	① （たいせつ）　② （りょこう）　③ （つぎ）
		④ （つく）　⑤ （ぶんかさい）
	新しい言葉	1　① （せんせい）、ほめる　② （さいふ）、なくす

チェック		③ あさねぼうする　④ （かいもの）、たのむ
		⑤ （ともだち）、むしする　⑥ （でんしゃ）、おりる
		⑦ （か）、さす　⑧ （いぬ）、ほえる
	2	① いう　② いい　③ ちかてつ　④ どうしたの？

17課

1	1）練習	1 一輪車［が］　2 手品［が］できる	
	2）練習	1 ［を］吹くことができる　2 ［を］作ることができる	
		3 絵［を］描くことができる	
	3）練習	1 ［が］吹ける　2 ［が］作れる　3 絵［が］描ける	
2	4）練習	1 見えます　2 聞こえます　3 見られます	
		4 見られます　5 聞けます	
3	5）練習	1 書いた　2 私、描いた　3 買った　4 書いた	
		5 読んでいる	
	6）練習	1 寒く　2 上手に　3 なり　4 になった	
		5 くなりました	
	7）練習	1 飲めるように　2 寝られるようになった	
		3 起きられるようになった	
	8）練習	1 仕事すること　2 ダンスすること　3 宇宙へ行くこと	
		4 医者になること	
読み物クイズ		① まんが部です　② 絵を描くことが好きです	
		③ はずかしいですから／はずかしいからです	
		④ まんがを描くのが上手になって、王さんが描いたまんがをたくさんの人に見せることです	
読み物の漢字		① （ぶ）　② （え）　③ （じょうず）　④ （むずか）	
		⑤ （とも）　⑥ （ゆめ）	
新しい言葉	1	① （え）、てんじする　② （ギター）、ひく	
チェック		③ （おんがく）、きこえる　④ なる	
	2	① ミュージカル、パンフレット　② 将来、夢、歌手	
		③ DVD、外国　④ パソコン　⑤ いとこ	

18課

1 1) 練習　1　もらわなかった　2　もらった　3　もらった
　　　　　　　4　あげた（もらった）　5　あげた（もらった）
　　　　　　　6　おじいさん、辞書をもらった　7　もらった
　　　　　　　8　カード、もらった

2) 練習　1　花、くれた　2　くれた　3　あげた　4　あげた
　　　　　　5　くれた　6　くれた　7　くれた

2 3) 練習　1　助けてくれた　2　来てくれました
　　　　　　3　持ってあげました　4　さしてあげました　5　くれた

4) 練習1　1　[に]貸してもらった　2　[に]見せてもらった
練習2　1　もらった　2　もらった　3　くれました　4　くれた
　　　　　5　あげる

5) 練習　1　高校に合格する　2　新しい自転車を買う
　　　　　　3　王さんと同じ高校に行く
　　　　　　4　テニス選手になる、例：がんばります

読み物クイズ　① 1〇　2×　3〇
　　　　　　　② レストランで働いています
　　　　　　　③ とてもきれいなカードをもらいました

読み物の漢字　①（はたら）　②（すこ）　③（おし）　④（す）
　　　　　　　　⑤（そつぎょう）　⑥（いわ）

新しい言葉チェック
1　① えのぐ　② ちず　③ はなたば　④ ネクタイ
　　⑤ おかね　⑥ ストラップ　⑦ タオル　⑧ クマ
2　① のる　② さす　③ ひく　④ さめる　⑤ くる
　　⑥ うつ　⑦ かかる　⑧ とる
3　① おみまい　② すてきな　③ やっぱり

監修者
庵功雄　　　一橋大学国際教育交流センター　教授

編著者
志村ゆかり（1課・2課・6課・11～16課担当）
　一橋大学国際教育交流センター　非常勤講師

著者
志賀玲子（5課・7～10課担当）　　明海大学外国語学部　専任講師
武一美（12課・17課担当）　　早稲田大学日本語教育研究センター　非常勤講師
永田晶子（7課・18課担当）　　イーストウエスト日本語学校　非常勤講師
樋口万喜子（10課・11課担当）　　元横浜国立大学国際戦略推進機構日本語教育部　非常勤講師
宮部真由美（3課・4課・17課・18課担当）　　鳴門教育大学大学院学校教育研究科　准教授
頼田敦子（14～16課担当）　　横浜市教育委員会　日本語講師

翻訳　　スリーエーネットワーク（英語）　　徐前（中国語）　　有限会社イスパニカ（スペイン語）

イラスト　　Creative0 株式会社

装丁・本文デザイン　　株式会社オセロ

中学生のにほんご　学校生活編
―外国につながりのある生徒のための日本語―

2019年5月24日　初版第1刷発行
2025年1月15日　第6刷発行

編著者　　志村ゆかり
著　者　　志賀玲子　武一美　永田晶子　樋口万喜子
　　　　　宮部真由美　頼田敦子
発行者　　藤嵜政子
発　行　　株式会社スリーエーネットワーク
　　　　　〒102-0083　東京都千代田区麹町3丁目4番
　　　　　　　　　　　トラスティ麹町ビル 2F
　　　　　電話　営業　03（5275）2722
　　　　　　　　編集　03（5275）2725
　　　　　https://www.3anet.co.jp/
印　刷　　萩原印刷株式会社

ISBN978-4-88319-790-3　C0081
落丁・乱丁本はお取替えいたします。
本書の全部または一部を無断で複写複製（コピー）することは著作権法上での例外を除き、禁じられています。

『絵でわかる かんたんかんじ』シリーズ

■ 教育漢字をイラストで覚える

絵でわかる かんたんかんじ80
B5判　69頁　1,430円（税込）　ISBN978-4-88319-183-3

絵でわかる かんたんかんじ160
B5判　115頁　1,650円（税込）　ISBN978-4-88319-235-9

絵でわかる かんたんかんじ200
B5判　117頁　1,760円（税込）　ISBN978-4-88319-377-6

武蔵野市帰国・外国人教育相談室教材開発グループ ● 編著

『こどものにほんご』シリーズ

■ 外国につながりのある児童のためのテキスト

こどものにほんご1
B5判　274頁+別冊48頁(指導の手引き)　2,200円（税込）　ISBN978-4-88319-218-2

こどものにほんご2
B5判　302頁+別冊48頁(指導の手引き)　2,200円（税込）　ISBN978-4-88319-234-2

西原鈴子 ● 監修　ひょうご日本語教師連絡会議　子どもの日本語研究会 ● 著

■ 『こどものにほんご』に準拠した絵カード

こどものにほんご1 絵カード
B5判　97頁(切り取り線付き)　1,760円（税込）　ISBN978-4-88319-283-0

ひょうご日本語教師連絡会議　子どもの日本語研究会 ● 著

■ 『こどものにほんご』に準拠した、書くための副教材

こどものにほんご1 れんしゅうちょう
B5判　113頁+別冊14頁(こたえ)　1,100円（税込）　ISBN978-4-88319-479-7

こどものにほんご2 れんしゅうちょう
B5判　141頁+別冊18頁(こたえ)　1,210円（税込）　ISBN978-4-88319-511-4

ひょうご日本語教師連絡会議　子どもの日本語研究会 ● 著

スリーエーネットワーク

ウェブサイトで新刊や日本語セミナーをご案内しております。
https://www.3anet.co.jp/

中学生のにほんご 学校生活編

外国につながりのある生徒のための日本語

別冊

- この本の主な登場人物
- 言葉と文法の学習シート
- 言葉リスト（五十音順　英語・中国語・スペイン語訳付き）

スリーエーネットワーク

▶ 練習シート（活用形）をやりましたか

https://www.3anet.co.jp/np/books/3940/

動詞グループ分け	3課		動詞ない形	8課	
動詞ます形	3課		動詞グループ分け（復習）・た形	10課	
動詞ます形（過去）	4課		動詞意向形	12課	
形容詞	5課		普通形	13課	
動詞て形	6課		動詞受身形	16課	
形容詞・名詞て形	6課		動詞可能形	17課	
形容詞（過去）	7課				

▶ 言葉を覚えるためのチェックシートをやりましたか

https://www.3anet.co.jp/np/books/3940/

0	1	2	3	4	5	6	7	8	9	10	11	12	13	14	15	16	17	18

この本の主な登場人物

名前		性別	年齢	出身／母語	家の場所	部活	得意なこと
王雪		女	14オ（3年生）	中国／中国語	関内	まんが部	絵
チェ・ユンソク		男	13オ（2年生）	韓国／韓国語	横浜	まんが部	絵／数学
グエン・アン		女	13オ（2年生）	ベトナム／ベトナム語	石川町	テニス部	
エルダ・クルーズ		女	14オ（3年生）	フィリピン／タガログ語	桜木町	音楽部	ダンス／英語
田中健太		男	15オ（3年生）	日本／中国語	横浜	テニス部	テニス／英語
ポンサクレック・デーンダー		男	15オ（3年生）	タイ／タイ語	関内		歌／数学
ルイ・ダ・シルヴァ		男	14オ（2年生）	ブラジル／ポルトガル語	横浜	野球部	
小川さな		女	15オ（3年生）	日本／日本語	関内		ピアノ
木村結月（ボランティア）		女	28オ	日本／日本語	関内		
小林光一先生（国際教室担当）		男	30オ	日本／日本語	石川町		

▶ 言葉と文法の学習シート

1課

▶ 数字

0　ゼロ	5　ご	10　じゅう	60　ろくじゅう
1　いち	6　ろく	20　にじゅう	70　ななじゅう
2　に	7　なな	30　さんじゅう	80　はちじゅう
3　さん	8　はち	40　よんじゅう	90　きゅうじゅう
4　よん／し	9　きゅう／く	50　ごじゅう	100　ひゃく

▶ 年齢

1才　いっさい	6才　ろくさい	11才　じゅういっさい
2才　にさい	7才　ななさい	12才　じゅうにさい
3才　さんさい	8才　はっさい	13才　じゅうさんさい
4才　よんさい	9才　きゅうさい	14才　じゅうよんさい
5才　ごさい	10才　じゅっさい	20才　はたち

▶ 電話番号

040-123-456	ぜろよんぜろ の いちにさん の よんごろく
030-513-298	ぜろさんぜろ の ごいちさん の にきゅうはち
020-834-017	ぜろにぜろ の はちさんよん の ぜろいちなな

2課

場所

物の名前

▶ 時間

1:00	いちじ		0:01	いっぷん
2:00	にじ		0:02	にふん
3:00	さんじ		0:03	さんぷん
4:00	**よじ**		0:04	よんぷん
5:00	ごじ		0:05	ごふん
6:00	ろくじ		0:06	ろっぷん
7:00	しちじ		0:07	ななふん
8:00	はちじ		0:08	はちふん（はっぷん）
9:00	**くじ**		0:09	きゅうふん
10:00	じゅうじ		0:10	じゅっぷん
11:00	じゅういちじ		0:15	じゅうごふん
12:00	じゅうにじ		0:30	さんじゅっぷん＝はん

▶ 値段

¥1	いちえん	¥14	じゅうよえん	¥1,000	せんえん
¥2	にえん	¥100	ひゃくえん	¥2,000	にせんえん
¥3	さんえん	¥200	にひゃくえん	¥3,000	さんぜんえん
¥4	**よえん**	¥300	さんびゃくえん	¥4,000	よんせんえん
¥5	ごえん	¥400	よんひゃくえん	¥5,000	ごせんえん
¥6	ろくえん	¥500	ごひゃくえん	¥6,000	ろくせんえん
¥7	ななえん	¥600	ろっぴゃくえん	¥7,000	ななせんえん
¥8	はちえん	¥700	ななひゃくえん	¥8,000	はっせんえん
¥9	きゅうえん	¥800	はっぴゃくえん	¥9,000	きゅうせんえん
¥10	じゅうえん	¥900	きゅうひゃくえん	¥10,000	いちまんえん

位置

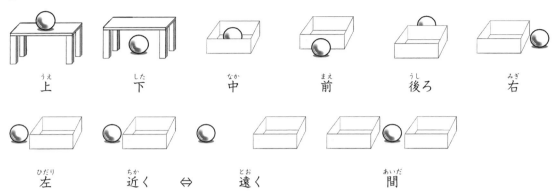

| 上 | 下 | 中 | 前 | 後ろ | 右 |

左　　近く ⇔ 遠く　　間

3課

動詞の活用グループ

1グループ
いく（行く）
かく（書く）
はなす（話す）
よむ（読む）
はいる（入る）
…

2グループ
たべる（食べる）
おきる（起きる）
みる（見る）
…

3グループ
する
くる（来る）

3グループは2つ！

「名詞＋する」も3グループ！
例えば、そうじする、勉強する、…

1グループ

あ	か	さ	た	な	は	ま	や	ら	わ	ん
い	き	し	ち	に	ひ	み		り		
う	く	す	つ	ぬ	ふ	む	ゆ	る		
え	け	せ	て	ね	へ	め		れ		
お	こ	そ	と	の	ほ	も	よ	ろ	を	

かう　かく　はなす
よむ　はいる

2グループ

あ	か	さ	た	な	は	ま	や	ら	わ	ん
い	き	し	ち	に	ひ	み		り		
う	く	す	つ	ぬ	ふ	む	ゆ	る		
え	け	せ	て	ね	へ	め		れ		
お	こ	そ	と	の	ほ	も	よ	ろ	を	

お き ＋る
み ＋る
た べ ＋る

ます形

1・3グループ

あ	か	さ	た	な	は	ま	や	ら	わ	ん
い	き	し	ち	に	ひ	み		り		
う	く	す	つ	ぬ	ふ	む	ゆ	る		
え	け	せ	て	ね	へ	め		れ		
お	こ	そ	と	の	ほ	も	よ	ろ	を	

1グループ
か(く) ⇒ か(き)ます
よ(む) ⇒ よ(み)ます

3グループ
(す)る ⇒ (し)ます
(く)る ⇒ (き)ます

2グループ

おき る+ます ／ ね る+ます

辞書形	ます形（肯定）	ます形（否定）
1グループ		
あらう	あらい ます	あらい ません
いく	いき ます	いき ません
はなす	はなし ます	はなし ません
のむ	のみ ます	のみ ません
2グループ		
おきる	おき ます	おき ません
たべる	たべ ます	たべ ません
ねる	ね ます	ね ません
3グループ		
する	し ます	し ません
そうじする	そうじし ます	そうじし ません
くる	き ます	き ません

「辞書形」は辞書で調べるときの形です。
「ます形」は丁寧な言い方です。

▶ 曜日

にちようび	げつようび	かようび	すいようび	もくようび	きんようび	どようび
日曜日	月曜日	火曜日	水曜日	木曜日	金曜日	土曜日

▶ 日付

1月　　　　　　　　　　　　　　　　　　　　　　　　　　　20△△年

		1 ついたち	2 ふつか	3 みっか	4 よっか	5 いつか
6 むいか	7 なのか	8 ようか	9 ここのか	10 とおか	11 じゅういちにち	12 じゅうににち
13 じゅうさんにち	14 じゅうよっか	15 じゅうごにち	16 じゅうろくにち	17 じゅうなな／じゅうしちにち	18 じゅうはちにち	19 じゅうくにち
20 はつか	21 にじゅういちにち	22 にじゅうににち	23 にじゅうさんにち	24 にじゅうよっか	25 にじゅうごにち	26 にじゅうろくにち
27 にじゅうしちにち	28 にじゅうはちにち	29 にじゅうくにち	30 さんじゅうにち	31 さんじゅういちにち		

いちがつ	にがつ	さんがつ	しがつ	ごがつ	ろくがつ
1月	2月	3月	4月	5月	6月
しちがつ	はちがつ	くがつ	じゅうがつ	じゅういちがつ	じゅうにがつ
7月	8月	9月	10月	11月	12月

▶ 副詞

「毎」を使う言葉！

まいにち
毎日

まいしゅう
毎週

まいつき
毎月

まいとし
毎年

4課

▶ ます形（過去）

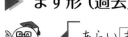 あらい**ます** ⇒ あらい**ました** ／ あらい**ません** ⇒ あらいません**でした**

辞書形	－ました（肯定）	－ませんでした（否定）
1グループ		
あら**う**	あらい**ました**	あらい**ませんでした**
い**く**	いき**ました**	いき**ませんでした**
はな**す**	はなし**ました**	はなし**ませんでした**
の**む**	のみ**ました**	のみ**ませんでした**
2グループ		
おき**る**	おき**ました**	おき**ませんでした**
たべ**る**	たべ**ました**	たべ**ませんでした**
ね**る**	ね**ました**	ね**ませんでした**
3グループ		
する	し**ました**	し**ませんでした**
そうじ**する**	そうじし**ました**	そうじし**ませんでした**
くる	き**ました**	き**ませんでした**

▶ －ましょう

－ます形	－ましょう
1グループ	
はなし**ます**	はなし**ましょう**
よみ**ます**	よみ**ましょう**
2グループ	
たべ**ます**	たべ**ましょう**
3グループ	
そうじし**ます**	そうじし**ましょう**
き**ます**	き**ましょう**

▶ －ませんか

－ます形	－ませんか
1グループ	
はな**し**ます	はな**し**ませんか
よ**み**ます	よ**み**ませんか
2グループ	
たべます	たべませんか
3グループ	
そうじ**し**ます	そうじ**し**ませんか
きます	**き**ませんか

▶ 副詞

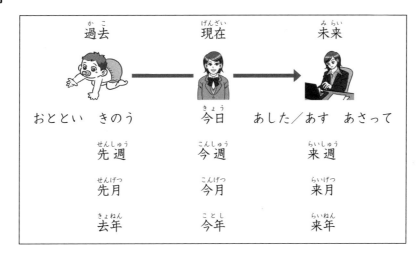

5課

い形容詞

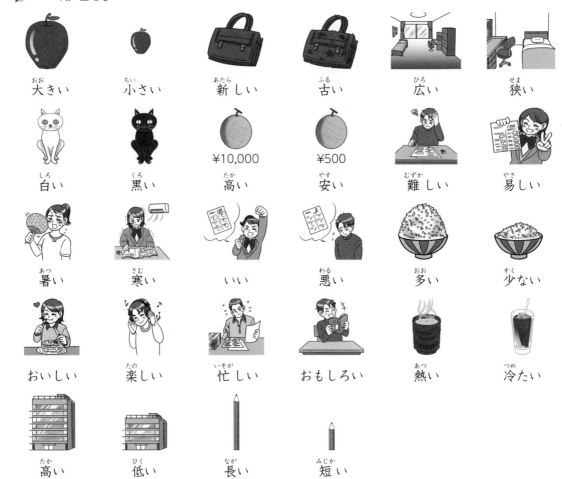

大きい	小さい	新しい	古い	広い	狭い
白い	黒い	高い	安い	難しい	易しい
暑い	寒い	いい	悪い	多い	少ない
おいしい	楽しい	忙しい	おもしろい	熱い	冷たい
高い	低い	長い	短い		

な形容詞

元気(な)	親切(な)	暇(な)	心配(な)	好き(な)	嫌い(な)
上手(な)/得意(な)	下手(な)/苦手(な)	きれい(な)	大変(な)	便利(な)	

にぎやか（な）

静か（な）

有名（な）

安全（な）

危険（な）

▶ い形容詞の肯定・否定

辞書形	肯定	否定
大きい	大きいです	大き**くない**です
新しい	新しいです	新し**くない**です
いい	いいです	**よくない**です

いいです
⇒
よくないです

▶ な形容詞の肯定・否定

辞書形	肯定	否定
静か	静かです	静か**じゃない**です
便利	便利です	便利**じゃない**です
きれい	きれいです	きれい**じゃない**です

「きれい」「きらい」は**な形容詞**です。

▶ 名詞の肯定・否定

辞書形	肯定	否定
休み	休みです	休み**じゃない**です
雨	雨です	雨**じゃない**です

名詞はな形容詞と同じ形です。

6課

動詞のて形

辞書形	て形
1グループ	
買う	買って
待つ	待って
乗る	乗って
飲む	飲んで
遊ぶ	遊んで
死ぬ	死んで
聞く	聞いて
行く*	行って*
泳ぐ	泳いで
話す	話して
2グループ	
食べる	食べて
起きる	起きて
見る	見て
3グループ	
する	して
来る	来て
勉強する	勉強して

動詞のて形のルール

1グループ

か う ＼
ま つ ─→ って
の る ／
→ かって / まって / のって

の む ＼
あそ ぶ ─→ んで
し ぬ ／
→ のんで / あそんで / しんで

き く ⇒ きいて
(い く ⇒ いって*)
およ ぐ ⇒ およいで
はな す ⇒ はなして

2グループ

たべ る ⇒ たべ て

3グループ

する ⇒ して
くる ⇒ きて

リズムで覚えましょう。

7課

い形容詞の過去

辞書形	過去	過去の否定
大きい	大きかったです	大きくなかったです
新しい	新しかったです	新しくなかったです
いい	よかったです	よくなかったです

「いい ⇒ よかった ⇒ よくなかった」に気をつけましょう。

な形容詞の過去

辞書形	過去	過去の否定
静か	静かでした	静かじゃなかったです
便利	便利でした	便利じゃなかったです
きれい	きれいでした	きれいじゃなかったです

名詞の過去

辞書形	過去	過去の否定
休み	休みでした	休みじゃなかったです
雨	雨でした	雨じゃなかったです

8課

動詞のない形

辞書形	ない形
1グループ	
買う	買わない
行く	行かない
泳ぐ	泳がない
話す	話さない
待つ	待たない
遊ぶ	遊ばない
飲む	飲まない
ある*	ない
2グループ	
食べる	食べない
見る	見ない
3グループ	
する	しない
来る	来ない

1グループ

ん	わ	ら	や	ま	は	な	た	さ	か	あ
		り		み	ひ	に	ち	し	き	い
	る	ゆ	む	ふ	ぬ	つ	す	く	う	
		れ		め	へ	ね	て	せ	け	え
	を	ろ	よ	も	ほ	の	と	そ	こ	お

かう ⇒ かわない＊　×あ→○わ
いく ⇒ いかない
まつ ⇒ またない
ある ⇒ ない＊

2グループ
　たべる ⇒ たべない

3グループ
　する ⇒ しない
　くる ⇒ こなる

9課

助数詞(じょすうし)

		～つ	～個	～人	～冊	～匹	～本	～枚	～階
1	ひとつ		いっこ	ひとり	いっさつ	いっぴき	いっぽん	いちまい	いっかい
2	ふたつ		にこ	ふたり	にさつ	にひき	にほん	にまい	にかい
3	みっつ		さんこ	さんにん	さんさつ	さんびき	さんぼん	さんまい	さんがい
4	よっつ		よんこ	よにん	よんさつ	よんひき	よんほん	よんまい	よんかい
5	いつつ		ごこ	ごにん	ごさつ	ごひき	ごほん	ごまい	ごかい
6	むっつ		ろっこ	ろくにん	ろくさつ	ろっぴき	ろっぽん	ろくまい	ろっかい
7	ななつ		ななこ	しちにん / ななにん	ななさつ	ななひき	ななほん	ななまい	ななかい
8	やっつ		はちこ / はっこ	はちにん	はっさつ	はちひき / はっぴき	はちほん / はっぽん	はちまい	はちかい
9	ここのつ		きゅうこ	くにん / きゅうにん	きゅうさつ	きゅうひき	きゅうほん	きゅうまい	きゅうかい
10	とお		じゅっこ	じゅうにん	じゅっさつ	じゅっぴき	じゅっぽん	じゅうまい	じゅっかい
?	いくつ		なんこ	なんにん	なんさつ	なんびき	なんぼん	なんまい	なんがい / なんかい

10課

動詞のた形

辞書形	て形	た形
1グループ		
買う	買って	買った
待つ	待って	待った
乗る	乗って	乗った
飲む	飲んで	飲んだ
遊ぶ	遊んで	遊んだ
死ぬ	死んで	死んだ
聞く	聞いて	聞いた
行く	行って*	行った*
泳ぐ	泳いで	泳いだ
話す	話して	話した
2グループ		
食べる	食べて	食べた
見る	見て	見た
3グループ		
する	して	した
来る	来て	来た

て形のてをたにしてください。

かって ⇒ かった
たべて ⇒ たべた
して ⇒ した

12課

意向形

辞書形	意向形
1グループ	
買う	買おう
行く	行こう
泳ぐ	泳ごう
話す	話そう
待つ	待とう
遊ぶ	遊ぼう
飲む	飲もう
乗る	乗ろう
2グループ	
食べる	食べよう
見る	見よう
3グループ	
する	しよう
来る	来よう

1グループ

ん	わ	ら	や	ま	は	な	た	さ	か	あ
		り		み	ひ	に	ち	し	き	い
		る	ゆ	む	ふ	ぬ	つ	す	く	う
		れ		め	へ	ね	て	せ	け	え
	を	ろ	よ	も	ほ	の	と	そ	こ	お

かう ⇒ かおう＊
いく ⇒ いこう
まつ ⇒ まとう
のむ ⇒ のもう

2グループ

たべる ⇒ たべよう

3グループ

する ⇒ しよう
くる ⇒ こよう

13課

普通形

	現在・未来		過去	
	肯定（辞書形）	否定（ない形）	肯定（た形）	否定（なかった形）
動詞	**1グループ** 会う* 書く ある*	会わない* 書かない ない*	会った 書いた あった	会わなかった* 書かなかった なかった*
	2グループ 食べる 見る	食べない 見ない	食べた 見た	食べなかった 見なかった
	3グループ する 来る	しない 来ない	した 来た	しなかった こなかった
い形容詞	大きい いい*	大きくない よくない*	大きかった よかった*	大きくなかった よくなかった*
な形容詞	元気だ きれいだ	元気じゃない きれいじゃない	元気だった きれいだった	元気じゃなかった きれいじゃなかった
名詞	休みだ 雨だ	休みじゃない 雨じゃない	休みだった 雨だった	休みじゃなかった 雨じゃなかった

過去の否定「**なかった形**」は「**ない形**」を使います。
例：食べな~~い~~ ⇒ 食べ なかった
　　広くな~~い~~ ⇒ 広く なかった

*注意しましょう。

ある	ない	あった	なかった
いい	よくない	よかった	よくなかった
かっこいい	かっこよくない	かっこよかった	かっこよくなかった

文末表現の普通形

－ています	－ている
－てください	－て
－てもいいです	－てもいい
－ておきます（1グループ）	－ておく
－たいです	－たい
－そうです	－そうだ
－たことがあります	－たことがある
－ましょう＊	－（よ）う＊

例：書い ています ⇒ 書い ている
　　食べ たいです ⇒ 食べ たい

＊「－ましょう」の普通形は**意向形**になります。
　例：**買**いましょう ⇒ **買**おう

▶ 友だち言葉

2つあります

学校へ行きます。	学校へ行く。
何を食べますか。	（私たちは）何を食べる？ （あなたは）何を食べるの？
本を読んでいます。	本を読んで(い)る。
すみません／ごめんなさい	ごめん
ありがとうございます	ありがとう
どうですか／いくらですか／何ですか etc	どう？／いくら？／何？ etc
どうでしたか／いくらでしたか etc	どうだった？／いくらだった？ etc
A：渋谷に行ったことがありますか。 B：いいえ、ありません。 A：じゃ、一緒に行きませんか。 B：はい、行きましょう。	A：渋谷に行ったこと(が)ある？ B：ううん、ない。 A：じゃ、一緒に行かない？ B：うん、行こう。
漢字は難しいですが、好きです。	漢字は難しいけど、好きだ。

「行きましょう」の普通形は「行こう」です。

16課

▶ 受身形

辞書形	受身形
1グループ	
言う	言われる＊
聞く	聞かれる
押す	押される
呼ぶ	呼ばれる
頼む	頼まれる
2グループ	
ほめる	ほめられる
見る	見られる
3グループ	
する	される
来る	来られる

1グループ

ん	わ	ら	や	ま	は	な	た	さ	か	あ
		り		み	ひ	に	ち	し	き	い
	る	ゆ	む	ふ	ぬ	つ	す	く	う	
	れ		め	へ	ね	て	せ	け	え	
	を	ろ	よ	も	ほ	の	と	そ	こ	お

う ⇒ われる＊
く ⇒ かれる
ふ ⇒ ばれる

2グループ

ほめる ⇒ ほめられる

3グループ

する ⇒ される
くる ⇒ こられる

17課

▶ 可能形(かのうけい)

辞書形(じしょけい)	可能形(かのうけい)
1グループ	
歌(うた)う	歌(うた)える
書(か)く	書(か)ける
話(はな)す	話(はな)せる
持(も)つ	持(も)てる
飲(の)む	飲(の)める
作(つく)る	作(つく)れる
2グループ	
覚(おぼ)える	覚(おぼ)えられる
起(お)きる	起(お)きられる
3グループ	
する	できる
来(く)る	来(こ)られる

1グループ

ん	わ	ら	や	ま	は	な	た	さ	か	あ
		り		み	ひ	に	ち	し	き	い
		る	ゆ	む	ふ	ぬ	つ	す	く	う
		れ		め	へ	ね	て	せ	け	え
	を	ろ	よ	も	ほ	の	と	そ	こ	お

うた う ⇒ うた える
はな す ⇒ はな せる
の む ⇒ の める

2グループ

おき る ⇒ おき られる

3グループ

する ⇒ できる
くる ⇒ こられる

言葉リスト

日本語	課	英語	中国語	スペイン語
あ				
あ	1	Oh, Ah	啊	oh
あいさつ（する）	4	greet	寒暄、打招呼	saludar
アイスクリーム／アイス	4	ice cream	冰淇淋	helado
あいだ（間）	2	between	之间	entre
あいて（相手）	7	opponent	对手	contrario, contrincante
あう（会う）	4	meet	会面	encontrarse, estar con…
あおじる（青汁）	17	green vegetable juice	绿汁	jugo de verduras
あかい（赤い）	6	red	红	rojo
あがる（上がる）	13	go up	上升	elevarse, subir
あける（開ける）	14	open	打开	abrir
あげる	4	give	给	dar, regalar
あさ（朝）	1	morning	早上	mañana
あさごはん（朝ご飯）	3	breakfast	早饭	desayuno
あさって	4	the day after tomorrow	后天	pasado mañana
あさねぼうする（朝寝坊する）	16	oversleep	睡懒觉	levantarse tarde
あし（足）	6	leg	脚、腿	pierna, pata
あしがはやい（足が速い）	9	run fast	走得快	rápido de piernas, correr rápido
あした	3	tomorrow	明天	mañana
あそこ	2	there	那儿	allí
あそびにいく（遊びに行く）	7	go and play	去玩儿	ir a jugar
あそぶ（遊ぶ）	6	play	玩儿	jugar
あたま（頭）	9	head, brain	头、脑子	cabeza, cerebro
あたまがいい（頭がいい）	9	clever	聪明	inteligente, listo
あたらしい（新しい）	5	new	新	nuevo
あつい（暑い）	5	hot	热	caluroso

日本語	課	英語	中国語	スペイン語
あつい（熱い）	5	hot	热、烫	caliente
あつまる（集まる）	9	gather	集合	reunirse
あつめる（集める）	8	collect	收集	recoger
あと	8	more	再	más
あと	16	after	以后	después
あとで	8	later	之后	después
アドバイス	16	advice	忠告、建议	consejo
あなた	1	you	你	tú
あに（兄）	6	older brother	哥哥	hermano mayor
アニメ	1	animated cartoon	动漫	dibujos animados
あの	2	Ah	那个	esto…
あの	2	that	那（个）	aquel
あぶない（危ない）	8	in danger	危险	peligroso
あまい（甘い）	14	sweet	甜	dulce
あまいもの（甘いもの）	11	sweets	甜食	dulce
あまぐ（雨具）	14	rain gear	雨具	paraguas o ropa de lluvia
あまり〜ない	7	not ~ well, not ~ so much	不太〜	no ~ demasiado
あめ（雨）	4	rain	雨	lluvia
アメリカ	7	USA	美国	Estados Unidos
あら	16	oh	哎呀	¡oh!
あらう（洗う）	3	wash	洗	lavarse
あらってくる（洗ってくる）	12	go and wash	洗洗就来	ir a lavarse
ありがとうございます／ありがとう	2	Thank you.	谢谢。／感谢。	Gracias.
ある	2	be	有	hay (haber), estar
あるいて（歩いて）	4	on foot	走着	caminando, a pie
あるく（歩く）	4	walk	走	caminar, andar

日本語	課	英語	中国語	スペイン語
アルバイト（する）	6	work part-time	打工	trabajar (estudiantes, etc, a tiempo parcial)
あれ	2	that	那个	aquello
あれ	4	ah	哎呀	¡ah!
あんぜん（な）(安全（な）)	5	safe	安全	seguro

い

日本語	課	英語	中国語	スペイン語
いい	5	good	好	bueno
いい	7	prefer	好	preferir
いい	10	suitable	不错、可以	sirve, lo hace bien
いい	11	OK, all right	好	bueno
いいえ	1	no	不	no
いいかた（言い方）	18	way to say	说法	forma de decir
いいですか	4	Is it OK?, Are you all right?	可以吗？/ 行吗？	¿Está bien?
いいですね	5	That is good.	真好啊。	¡Qué bien!, ¡Estupendo!
いいですよ	4	OK., All right.	好的。	Muy bien., Estupendo.
いいてんき（いい天気）	7	nice weather	好天气	buen tiempo
いいな（あ）	7	That's good!	真好啊。	¡Qué bien!, ¡Estupendo!
いいね	14	Sounds good.	真好啊。	¡Qué bien!
いいよ	13	OK., All right.	可以啊！	¡Muy bien!
いう（言う）	4	say	说	decir
いえ（家）	1	home	家	hogar, casa
いく（行く）	3	go	去	ir
いくら	2	how much	多少钱	cuánto
いし（意志）	12	will	意志	voluntad

日本語	課	英語	中国語	スペイン語
いしてきなどうさ（意志的な動作）	17	volitional movement	有意识的动作	acción voluntaria (volitiva)
（お）いしゃ（さん）（（お）医者（さん））	11	doctor	医生	doctor
いす	2	chair	椅子	silla
いそがしい（忙しい）	5	busy	忙	ocupado, atareado
いそぐ（急ぐ）	8	be in hurry	赶快、赶	tener prisa
いたい（痛い）	9	hurt	疼	doler
いただきます	5	Thank you. (I accept.)	我不客气了。	Lo tomo (con agradecimiento).
いためる（炒める）	14	stir-fry	炒	saltear, freír
いち（位置）	2	position	位置	posición
いちども～ない（一度も～ない）	14	never ~	一次也没～	no ~ ninguna vez
いちにち（一日）	3	day	一天	el día
いちにちじゅう（一日中）	7	all day long	一整天	todo el día
いちばん	7	the most, the best	最	lo que más
いちりんしゃ（一輪車）	17	unicycle	独轮车	monociclo
いつ	4	when	什么时候	cuándo
いつか	9	someday	总有一天	algún día
いっしょうけんめい（一生懸命）	10	eagerly	努力地、拼命地	con afán, esforzándose
いっしょに	4	together	一起	juntos
いつつ（五つ）	9	five	五个、五份	cinco
いってくる（行ってくる）	15	be going out	出去一下	irse y volver
いつでも	15	anytime	随时	en cualquier momento
いっぱい	9	full	饱	lleno
いっぷんかんスピーチ（1分間スピーチ）	17	one-minuite speech	一分钟演说	discurso de un minuto
いつも	2	always	总是、经常	siempre

日本語	課	英語	中国語	スペイン語
いとこ	17	cousin	表兄弟、表姐妹、堂兄弟、堂姐妹	primo
いぬ（犬）	2	dog	狗	perro
いぬやネコ（犬やネコ）	2	cats and dogs	狗或猫	perros o gatos
イベント	10	event	活动	evento
いま（今）	5	now	现在	ahora
いみ（意味）	8	meaning	意思	significado
いもうと（妹）	2	younger sister	妹妹	hermana menor
いや（な）	9	dislike	讨厌、不喜欢	desagradable
いらっしゃいませ／いらっしゃい	4	Welcome.	欢迎光临。	¡Pase!, ¡Adelante!
いる	2	be	有	hay (haber), estar
いる	12	have	有	tener
いる	12	stay	在	quedarse
いれる（入れる）	13	get in	放进	meter
いろいろ	15	various	各种各样	variado
いろいろ（な）	10	various	形形色色、各种各样	diverso
（お）いわい（（お）祝い）	18	congratulations	庆祝	celebración
インターネット	7	Internet	网络	Internet
インフルエンザ	6	influenza	流感	gripe, influenza

う

日本語	課	英語	中国語	スペイン語
ううん	15	No.	不。	No.
う〜ん	1	Well, ……	嗯	Bueno…, Pues…
うえ（上）	2	on	上边	sobre
うえる（植える）	14	plant	种植	plantar
うきわ（浮き輪）	12	rubber ring	游泳圈	flotador
うごく（動く）	9	move	动	moverse

日本語	課	英語	中国語	スペイン語
ウサギ	6	rabbit	兔子	conejo
うしろ (後ろ)	2	back	后边	detrás
うた (歌)	1	song	歌	canción
うたう (歌う)	4	sing	唱(歌)	cantar
うち	2	home	家	casa
うちゅう (宇宙)	17	space	宇宙	espacio
うちわ	14	fan	团扇	abanico
[レジを] うつ ([レジを] 打つ)	15	operate [a cash register]	打[收款机]	manejar, operar [la caja registradora]
うつる	11	catch	传染	contagiar
うまれる (生まれる)	12	be born	出生	nacer
うみ (海)	3	sea, seaside	大海	mar
うる (売る)	13	sell	卖	vender
うるさい	14	annoying	烦人、吵	molesto, pesado (por hablar demasiado)
うれしい	9	happy	高兴	alegre, feliz
うわばき	2	indoor shoes	室内穿的鞋	zapatillas
うん	4	yes	是、对、好的	sí
うんてんする (運転する)	15	drive	驾驶	manejar, conducir
うんどうする (運動する)	9	do exercise	运动	hacer ejercicio

え

日本語	課	英語	中国語	スペイン語
え	2	What?	欸	¿Eh?
え (絵)	7	picture	画儿	dibujo, pintura
エアコン	11	air conditioner	空调	aire acondicionado, acondicionador de aire
えいが (映画)	3	movie	电影	película
えいがかん (映画館)	2	movie theater, cinema	电影院	sala de cine
えいご (英語)	1	English	英语(课)	inglés

日本語	課	英語	中国語	スペイン語
えがお（笑顔）	15	smile	笑脸	sonrisa
えき（駅）	2	station	车站	estación
えのぐ（絵の具）	18	paints	水彩画颜料	pinturas, colores
えらいですね	10	That's great.	真棒。	¡Qué mérito!
～えん（～円）	2	~yen	～日元	~ yen
えんそく（遠足）	8	school trip	郊游	excursión, viaje escolar
えんぴつ（鉛筆）	11	pencil	铅笔	lápiz

お

日本語	課	英語	中国語	スペイン語
おいしい	2	delicious, tasty	好吃	sabroso, rico
（お）いしゃ（さん）（（お）医者（さん））	11	doctor	医生	doctor
（お）いわい（（お）祝い）	18	congratulations	庆祝	celebración
おうえんがっせん（応援合戦）	10	cheering battle	啦啦队竞演	competencia entre aficiones (porras)
おおい（多い）	5	many	多	muchos
おおきい（大きい）	5	large	大	grande
おおきな（大きな）	6	big, large	大	grande
オーケーです（OKです）	5	OK., All right.	可以。／没问题。	Está bien., Es correcto.
おおなわとび（大なわとび）	10	long-rope jumping	多人跳绳	salto con soga en equipo
オープンキャンパス	12	opencampus	校园开放日	open campus, día para mostrar la escuela
おかあさん（お母さん）	3	mother	妈妈	madre, mamá
おかえりなさい／おかえり（お帰りなさい／お帰り）	18	Welcome home.	你回来啦。	¡Bienvenido a casa!
おかげで	18	thanks to	多亏（你）、托（你）的福	gracias a
おかし	1	sweet, snack	零食	dulce, golosina

日本語	課	英語	中国語	スペイン語
おかず	4	side dish	菜	comida (complemento del arroz)
おかね（お金）	18	money	钱	dinero
おきゃくさん／さま（お客さん／さま）	8	visitor	来访者	visitante
おきゃくさん／さま（お客さん／さま）	15	customer	顾客	cliente
おきる（起きる）	3	get up	起床	levantarse
おく（置く）	8	put	放	poner
おくれる（遅れる）	11	be late for	迟到	retrasarse
おこる（怒る）	12	get angry	生气	enfadarse, enojarse
おさえる（押さえる）	12	cover	捂	cubrir, tapar
おじいさん	5	old man	老大爷	señor mayor
おじいさん	18	grandfather	爷爷、姥爷	abuelo
おじいちゃん	3	grandfather	爷爷、姥爷	abuelo, abuelito
おしえる（教える）	6	tell, teach	告诉、教	decir, enseñar
おしゃべりする	15	chat	聊天	charlar
おす（押す）	15	push	推	empujar
おそい（遅い）	9	late	晚	tarde
おそくなる（遅くなる）	16	become late	晚了	hacerse tarde
おだいじに（お大事に）	11	Take care.	多保重。	Cuídate.
おたのしみかい（お楽しみ会）	7	fun party	联欢会	tiempo para divertirse
おとうさん（お父さん）	3	father	爸爸	padre, papá
おとうと（弟）	2	younger brother	弟弟	hermano menor
おととい	4	the day before yesterday	前天	anteayer
おとな（大人）	14	adult	大人	adulto
おどる（踊る）	10	dance	跳舞	bailar
おなか	4	stomach	肚子	vientre, barriga

日本語	課	英語	中国語	スペイン語
おなかがいっぱい	9	full	肚子饱	tener la barriga llena
おなかがすく	4	be hungry	肚子饿	tener hambre
おなじ（同じ）	1	same	同样	mismo
おにいさん（お兄さん）	6	older brother	哥哥	hermano mayor
おにぎり	1	rice ball	饭团	bola de arroz cocido
おねがい（お願い）	14	please	那你就做吧。	te lo pido, por favor
おねがいします（お願いします）	5	Please. (lit. ask for a favour)	那就麻烦你了。	Se lo pido (por favor).
おばあさん	5	old woman	老大娘	señora mayor
おばあさん	12	grandmother	奶奶、姥姥	abuela
おばあちゃん	3	grandmother	奶奶、姥姥	abuela, abuelita
おはようございます／おはよう	4	Good morning.	早上好。	Buenos días.
（お）ひる（（お）昼）	4	lunch	午饭	almuerzo, comida (mediodía)
（お）ふろ	3	bath	浴缸	baño (lugar para bañarse)
（お）べんとう（（お）弁当）	1	box meal	盒饭	comida para llevar
（お）まつり（（お）祭り）	13	festival	庙会、祭典（传统的庆典活动）	fiesta
（お）みまい（（お）見舞い）	18	visit (a sick person)	看望	visita a una persona enferma
（お）みやげ	13	souvenir	礼品、土特产	recuerdo, souvenir
おめでとう	13	Congratulations.	恭喜！	¡Enhorabuena!
おもい（重い）	5	heavy	重	pesado
おもいだす（思い出す）	8	remember	记起、想起	recordar
おもう（思う）	12	think	想	pensar
おもしろい	5	interesting	有意思	divertido, entretenido
おや（親）	15	parent	父母	padres (padre o madre)
およぐ（泳ぐ）	8	swim	游泳	nadar

日本語	課	英語	中国語	スペイン語
おりる（降りる）	16	get off	下（车）	bajarse
おれい（お礼）	16	thanks	感谢	agradecimiento
オレンジジュース	9	orange juice	橘汁	zumo (jugo) de naranja
おわる（終わる）	4	finish	完了、结束	terminar
おんがく（音楽）	1	music	音乐（课）	música
おんがくしつ（音楽室）	8	music room	音乐室	aula de música
おんがくぶ（音楽部）	5	music club	音乐俱乐部	club de música
おんせん（温泉）	10	hotspring	温泉	fuentes termales
おんなのこ（女の子）	2	girl	女孩子	chica

か

日本語	課	英語	中国語	スペイン語
か（火）	5	Tuesday	星期二	martes
〜か（〜課）	8	lesson 〜	第〜课	lección 〜
か（蚊）	16	mosquito	蚊子	mosquito
カード	14	card	卡片	tarjeta
〜かい（〜回）	5	〜 time	〜次	〜 vez
〜かい（〜階）	8	〜th floor	〜层	(primero, segundo...) piso
がいこく（外国）	17	foreign country	外国	extranjero
かいしゃ（会社）	6	company	公司	empresa
がいしゅつ（外出）	9	going out	外出、出门	salida
がいしょくする（外食する）	12	eat out	出外吃饭	comer fuera de casa
ガイドブック	14	guidebook	旅游指南	guía
かいもの（買い物）	5	shopping	购物	compra
かいわ（会話）	13	conversation	会话	conversación
かう（買う）	4	buy	买	comprar
かえす（返す）	4	return, give back	还给	devolver
かえりに（帰りに）	7	on the way home	在回去的路上	al regresar, a la vuelta
かえりみち（帰り道）	2	on one's way home	回去的路上	de regreso a casa

日本語	課	英　語	中国語	スペイン語
かえる（帰る）	2	go home	回	regresar (a casa)
かお（顔）	3	face	脸	cara
かかり（係）	8	person in charge	担当者	encargado
[インフルエンザに] かかる	6	have [influenza]	患 [流感]	coger [la gripe]
かく（描く）	6	draw	画	dibujar
がくしゅう（学習）	15	study	学习	estudio
かくてい（確定）	14	determination	确定	estar fijado, decidido
〜かげつ（〜か月）	5	~ month	〜个月	~ mes
かこ（過去）	4	past	过去	pasado
かさ（傘）	4	umbrella	伞	paraguas
かさをさす（傘をさす）	18	open an umbrella, share one's umbrella	打伞	abrir el paraguas, tapar con el paraguas a alguien
かし（歌詞）	8	lyric, word	歌词	letra de la canción
かじ（火事）	12	fire	火灾	incendio
かしだし（貸し出し）	15	loan	借出	préstamo
かしゅ（歌手）	9	singer	歌手	cantante
かす（貸す）	4	lend	借给	prestar
ガスバーナー	5	gas burner	煤气喷灯	quemador de gas
かぜ	9	cold	感冒	resfriado, resfrío
かぜをひく	9	catch a cold	患感冒	resfriarse
かぞく（家族）	12	family	家里人	familia
かた（方）	14	person (polite)	位（先生、女士）	persona (con respeto)
かたづける（片づける）	4	put back, tidy	整理、收拾	recoger, ordenar
かつ（勝つ）	7	win	赢	ganar, vencer
〜がっき（〜学期）	8	~th term	第〜学期	periodo escolar (trimestre, semestre, etc)
かっこいい	9	cool	好看	bonito, bacán, chévere
がっこう（学校）	2	school	学校	escuela

日本語	課	英語	中国語	スペイン語
がっこうぎょうじ（学校行事）	10	school event	校园活动	acto oficial de la escuela
がっこうせいかつ（学校生活）	5	school life	学校生活	vida escolar
がっしょう（合唱）	10	chorus	合唱	coro
がっしょうコンクール（合唱コンクール）	8	choral competition	合唱比赛	concurso de coros
がっしょうさい（合唱祭）	10	choral festival	合唱汇演	festival de coros
かってくる（買ってくる）	16	go and buy	去买回来	ir a comprar
かつどう（活動）	5	activity	活动	actividad
〜がつ〜にち（〜月〜日）	3	month/day	〜月〜号	mes de ~, día ~
かてい（仮定）	14	supposition	假设	suposición
かていか（家庭科）	5	home economics	家事科	asignatura de quehaceres domésticos
かなしい（悲しい）	9	sad	难过、悲痛	triste
かならず（必ず）	8	without fail	一定	sin falta, necesariamente
かのじょ（彼女）	12	girlfriend	女朋友	novia, enamorada
かばん	2	bag	包	bolso
かみ（紙）	7	paper	纸	papel
かみ（髪）	9	hair	头发	cabello, pelo
かもく（科目）	5	subject	科目	asignatura
かようび（火曜日）	3	Tuesday	星期二	martes
カラオケ	7	Karaoke	卡拉OK	karaoke
からだ（体）	9	body	身体	cuerpo
からだにいい（体にいい）	14	healthy	对身体好	saludable
かりる（借りる）	4	borrow	借	tomar prestado
かるい（軽い）	9	light	轻	ligero, liviano
カレー	7	curry	咖哩	curry
かわいい	2	cute	可爱	bonito, lindo

日本語	課	英語	中国語	スペイン語
かわく（渇く）	7	dry	渴	secarse
かわる（変わる）	12	change	变	cambiar
かんがえる（考える）	4	think	想	pensar
かんこく（韓国）	1	Korea	韩国	Corea del Sur
かんこくじん（韓国人）	1	Korean	韩国人	coreano
かんじ（漢字）	4	Chinese characters	汉字	kanji, ideograma de origen chino
かんじじてん（漢字字典）	4	Kanji dictionary	汉字字典	diccionario de kanji
かんじテスト（漢字テスト）	8	Kanji Quiz	汉字考试	examen, prueba de kanji
かんたん（な）（簡単（な））	9	easy	容易	fácil
がんばって	14	Good luck!	加油！	¡Ánimo!
がんばってください	10	Do your best!	加油！	¡Ánimo!
がんばりましたね	8	You tried hard.	努力了啊。	Te esforzaste.
がんばる	5	do one's best	努力	esforzarse, hacer lo posible

き

日本語	課	英語	中国語	スペイン語
きかい（機会）	14	chance	机会	oportunidad, ocasión
きかい（機械）	17	machine	机械	máquina
きがえる（着替える）	8	change clothes	换（衣服）	cambiarse de ropa
きく（聞く）	3	listen	听	oír, escuchar
きく（聞く）	11	ask	问	preguntar
きけん（な）（危険（な））	5	dangerous	危险	peligroso
きこえる（聞こえる）	17	hear	听得见	oírse
ぎじゅつ・かてい（技術・家庭）	1	Technical Arts and Homemaking	技术家庭（课）	tecnología y labores del hogar
ギター	17	guitar	吉他	guitarra
きたない（汚い）	15	messy	脏乱	sucio

日本語	課	英語	中国語	スペイン語
きのう	4	yesterday	昨天	ayer
きびしい（厳しい）	6	strict	严格	estricto, severo
きまる（決まる）	14	decide	决定	decidirse
きめる（決める）	8	decide	决定	decidir
きもち（が）いい（気持ち（が）いい）	7	feel good	舒服	sentirse a gusto, ser un placer
きもち（が）わるい（気持ち（が）悪い）	9	feel sick	不舒服	sentirse mal
きゃく（客）	2	customer	顾客	cliente
キャッチボール	10	(play) catch	投接球练习	peloteo (béisbol)
キャラクター	7	character	卡通人物	personaje
きゅうぎたいかい（球技大会）	4	ball game meeting/tournament	球赛	campeonato juegos con balón o pelota
ぎゅうにゅう（牛乳）	1	milk	牛奶	leche
きょう（今日）	2	today	今天	hoy
きょうか（教科）	1	subject	科目	asignatura
きょうかしょ（教科書）	4	textbook	教科书	libro de texto
きょうしつ（教室）	3	classroom	教室	aula
きょうだい（兄弟）	2	brother, sister	兄弟	hermano, hermana
～ぎょうめ（～行目）	6	~th line	第～行	(primera, segunda…) línea
きょうりょくする（協力する）	8	cooperate	协助、互相帮助	colaborar
きょか（許可）	11	permission	许可	permiso
きょく（曲）	17	song	曲	canción, pieza musical
きょねん（去年）	4	last year	去年	el año pasado
きらい（な）	4	dislike	讨厌	no gustar, desagradable
きる（切る）	8	cut	切	cortar
きれい（な）	4	dress well	漂亮	bien vestido, arreglado
きをつけて（気をつけて）	16	be careful	小心点儿	ten cuidado, cuídate

日本語	課	英語	中国語	スペイン語
きをつけましょう（気をつけましょう）	3	Attention!	要注意啊。	¡Pongamos atención!
きをつける（気をつける）	15	mind, pay attention	小心、注意	tener cuidado
きん（金）	5	Friday	星期五	viernes
きんぎょすくい（金魚すくい）	13	goldfish scooping	捞金鱼（一种游戏）	pesca de peces de colores
きんし（禁止）	11	prohibition	禁止	prohibición
きんトレ（筋トレ）	10	muscle/resistance training	肌肉锻炼	ejercicios de musculación
きんようび（金曜日）	3	Friday	星期五	viernes

クイズ	6	quiz	谜语	adivinanza
くうき（空気）	14	air	空气	aire
ください	2	Give me ~	（购物、订餐时）我要～	deme, póngame
くち（口）	12	mouth	嘴	boca
くつ	2	shoe	鞋	zapato
クッキー	5	cookie, biscuit	小甜饼干	pasta, galleta
くつや（くつ屋）	12	shoe store	鞋店	zapatería
くに（国）	1	country	国家	país
くばる（配る）	14	hand out	分发	repartir
くび（首）	6	neck	脖子	cuello
クマ	18	bear	熊	oso
くやしい	7	be chagrined	遗憾	sentir rabia (al perder)
くらい／ぐらい	5	about	大约	aproximadamente
くらい（暗い）	16	dark	暗	oscuro
クラス	7	class	班级	clase
クラスメート	9	classmate	同班同学	compañero de clase

日本語	課	英語	中国語	スペイン語
グラフ	8	graph	图表	gráfico
クリスマスかい（クリスマス会）	16	Christmas party	圣诞聚会	fiesta de Navidad
くる（来る）	3	come	来	venir
[じしんが] くる（[地震が] 来る）	14	[earthquake] happens	发生 [地震]	venir, ocurrir [un terremoto]
グループ	8	group	小组	grupo
くるま（車）	15	car	汽车	carro, coche
くるまいす（車いす）	15	wheelchair	轮椅	silla de ruedas
くれる	18	give	给（我）	dar
くろい（黒い）	5	black	黑	negro
～くん	1	Mr. (appended to boy's names)	～君（称呼男孩子时，加在名字后面使用）	(tratamiento aplicado a chicos)

日本語	課	英語	中国語	スペイン語
けいかく（計画）	12	plan	计划	plan
けいかくてき（計画的）	12	as scheduled (in a planned way, as planned)	有计划的	planificado
けいけん（経験）	11	experience	经验	experiencia
けいさつ（警察）	16	police	警察	policía
ケーキ	1	cake	蛋糕	pastel, torta
ケーキや（ケーキ屋）	9	cake shop	蛋糕店	pastelería
ケータイ	15	cellular phone	携带电话、手机	teléfono celular (móvil)
ゲーム	3	(video) game	游戏	juego
ゲームセンター	2	amusement arcade	电子游乐场	sala de juegos
けが	9	hurt	（受）伤	herida, lesión
げき（劇）	17	play	剧	obra teatral
げこう（下校）	6	leaving school	放学	salida de clase
けさ（今朝）	4	this morning	今天早上	esta mañana
けしき（景色）	7	scenery	景色	paisaje

日本語	課	英語	中国語	スペイン語
けしゴム（消しゴム）	2	eraser	橡皮	goma de borrar, borrador
けす（消す）	6	erase	擦掉	borrar
けす（消す）	8	turn off	关、关闭	quitar, apagar
げたばこ	2	shoe cupboard	鞋柜	armario zapatero
げつ（月）	5	Monday	星期一	lunes
けっせき（欠席）	11	absent	缺席	ausencia, inasistencia
げつようび（月曜日）	3	Monday	星期一	lunes
けんか（する）	15	quarrel	吵架	reñir
けんがくする（見学する）	14	visit	参观	hacer una visita educativa
げんき（な）（元気（な））	5	fine	有精神、健康	(estar) bien
げんきがない（元気がない）	17	not fine	没精神	no estar bien, no tener ánimo
けんさ（検査）	11	check	检查	examen médico, análisis
げんざい（現在）	4	present	现在	actualidad, presente

こ

日本語	課	英語	中国語	スペイン語
こ（子）	9	child	孩子	niño
～こ（～個）	9	(counter for small things)	～个	(contador para cosas pequeñas)
～ご（～後）	11	after ~	～后	después
こうえん（公園）	2	park	公园	parque
ごうかく（する）（合格（する））	13	pass	合格、及格	aprobar
こうこう（高校）	5	high school	高中	instituto de bachillerato
こうこうせい（高校生）	18	high-school student	高中生	alumno de bachillerato
こうしん（更新）	13	renew	更新	renovación
こうそく（校則）	11	school rules	校规	reglamento escolar

日本語	課	英語	中国語	スペイン語
こうちょうせんせい（校長先生）	10	principal	校长	director de una escuela
こうてい（校庭）	14	schoolyard, play ground	校园	patio de la escuela
こうはい（後輩）	13	junior	学弟、学妹	alumno menor
こえ（声）	9	voice	声音	voz
コーヒー	9	coffee	咖啡	café
コーラ	1	coke	可乐	cola
ゴールデンウイーク	7	"Golden Week" holidays	黄金周	vacaciones de la "Golden Week"
こきょう（故郷）	5	home town	老家、故乡	ciudad natal, pueblo natal
こくご（国語）	1	Japanese	国语（课）	japonés
こくさいきょうしつ（国際教室）	1	International Class	国际教室	Aula Internacional
こくばん（黒板）	6	blackboard	黑板	pizarra, pizarrón
ここ	2	here	这儿	aquí
ごご（午後）	2	in the afternoon	下午	por la tarde
ごぜん（午前）	2	in the morning	上午	por la mañana
ごぜんちゅう（午前中）	7	in the morning	上午	por la mañana
こたえ（答え）	5	answer	答案	respuesta
こたえる（答える）	16	answer	回答	responder
（ご）ちゅうもん（（ご）注文）	9	order	点单	pedido
こちらのほうがいい	3	This is better.	这个比较好。	Es mejor así.
こっち	16	here	这儿	esto, aquí
こと	4	incident	事情	cosas, sucesos
ことし（今年）	4	this year	今年	este año
ことば（言葉）	11	word	单词	palabra
ことばづかい（言葉づかい）	15	language	用语	forma de hablar, vocabulario
こども（子ども）	5	child	孩子	niño

日本語	課	英語	中国語	スペイン語
この	2	this	这（个）	este
このまえ（この前）	9	the other day	前些时候	el otro día
ごはん（ご飯）	4	rice	米饭	arroz
ごはん（ご飯）	5	meal	饭	comida
こまる（困る）	6	be annoyed, be troubled	让人头疼	tener problemas, estar en un apuro
ごみばこ（ごみ箱）	2	trash box	垃圾箱	papelera
こむ（混む）	16	be crowded	拥挤	estar lleno de gente
ごめん	13	Sorry.	对不起。	Perdón., Disculpa.
ごめんなさい	6	Sorry.	对不起。	Perdón.,Perdone., Disculpe.
ごめんね	16	I'm sorry.	对不起。	Lo siento.
これ	2	this	这个	esto
これから	5	from now	现在、今后	a partir de ahora
〜ごろ	3	around	〜左右	hacia 〜
こわい（怖い）	6	be afraid of	可怕	sentir temor
こわす（壊す）	16	break	弄坏	romper
こわれる（壊れる）	9	break	弄坏	romperse
コンクール	11	competition	比赛	concurso
こんげつ（今月）	4	this month	这个月	este mes
コンサート	9	concert	音乐会	concierto
こんしゅう（今週）	7	this week	这个星期、这周	esta semana
こんど（今度）	5	next time	下次	la próxima vez
こんにちは	4	hello	你好	hola
こんばん（今晩）	3	tonight	今天晚上	esta noche
コンビニ	2	convenience store	便利店	tienda de conveniencia, tienda de 24 horas
コンピュータしつ（コンピュータ室）	17	computer room	电脑室	sala de computación

日本語	課	英語	中国語	スペイン語
こんや（今夜）	4	tonight	今天晚上	esta noche

さ

日本語	課	英語	中国語	スペイン語
さあ	11	Well, ……	那么，……	Entonces, ……
～さい（～才）	1	~ years old	～岁	~ años de edad
さいあく（な）（最悪（な））	16	worst	最糟	pésimo
さいきん（最近）	5	recently	最近	últimamente, recientemente
さいご（最後）	13	end	最后	final
サイズ	12	size	号码、尺寸	tamaño
さいふ	5	wallet	钱包	cartera, billetera
ざいりょう（材料）	8	ingredient	材料	ingrediente
さかな（魚）	14	fish	鱼	pescado
さくぶん（作文）	4	composition, essay	作文	redacción, composición
［か が］さす（［蚊が］刺す）	16	[mosquito] bite	［蚊子］叮	picar [un mosquito]
さそい（誘い）	4	invitation	劝诱、邀请	invitación
さそう（誘う）	16	invite	邀请、约	invitar
～さつ（～冊）	9	(counter for books and notebooks)	～本	(contador para libros y cuadernos)
さっか（作家）	17	writer	作家	escritor
サッカー	1	soccer	足球	fútbol
さっき	4	a little while ago, just now	刚才	hace un momento
さびしい	12	feel lonely	寂寞	sentirse solo
さむい（寒い）	7	cold	冷	frío
さむいのにがて（寒いの苦手）	17	I don't like the cold.	怕冷。	Odio el frío.
［めが］さめる（［目が］覚める）	12	awake	变得精神、醒来	despertarse, espabilarse
さようなら	3	Good-bye.	再见。	Adiós.

日本語	課	英　語	中国語	スペイン語
さらいしゅう（再来週）	15	the week after next	下下个星期、下下周	la semana siguiente a la que viene
サル	10	monkey	猴子	mono, macaco
さわる（触る）	8	touch	触摸	tocar
～さん	1	Mr., Ms., Mrs.	～先生、～女士、～小姐	señor, señora, señorita
サンドイッチ	1	sandwich	三明治	sándwich
ざんねん（な）（残念（な））	11	pity, shame	遺憾	pena
ざんねんでしたね（残念でしたね）	10	What a shame!	真遺憾啊。	¡Qué pena!
さんぽ（する）（散歩（する））	15	go for a walk	散歩	pasear

し

日本語	課	英　語	中国語	スペイン語
し（市）	10	city	市	ciudad
～じ（～時）	2	~ o'clock (counter suffix for hours)	～点	(sufijo para contar horas)
しあい（試合）	4	match, game	比赛	partido
シーディー（CD）	9	CD	CD、激光唱片	CD
しえんきょうしつ（支援教室）	1	support class (for foreign students)	援助教室	Clase de apoyo (para alumnos extranjeros)
しおり	14	brochure	旅行小册子	guía, folleto explicativo
しかい（司会）	7	MC	司仪	presentador
じかん（時間）	2	time	时间	tiempo
～じかん（～時間）	5	~ hour	～小时	~ hora
～じかんめ（～時間目）	4	~ period	第～节课	(primera, segunda...) hora
しきし（色紙）	18	large square card	色纸（一种方形厚纸签）	cartón grande y cuadrado para escribir cosas
しきもの	14	sheet	地毯	estera, esterilla

日本語	課	英語	中国語	スペイン語
しく（敷く）	14	lay, spread	铺	extender sobre el piso
しけん（試験）	4	examination	考试	examen
しけんべんきょう（試験勉強）	14	study for an examination	备考学习	estudio para el examen
じこしょうかい（自己紹介）	1	self-introduction	自我介绍	autopresentación
しごと（仕事）	12	work	工作	trabajo
しじ（指示）	4	instruction	指示、命令、吩咐	instrucción, orden
しじぶん（指示文）	15	instruction	指示句	indicación, instrucción
じしょ（辞書）	7	dictionary	词典	diccionario
じしん（地震）	5	earthquake	地震	terremoto
しずか（な）（静か（な））	5	quiet	安静	tranquilo
した（下）	2	under	下边	debajo
した（舌）	12	tongue	舌头	lengua
した（下）	14	ground	地上	suelo
しちゃくしつ（試着室）	9	fitting room	试衣室	probador
しっかり	8	steadily	充分地、好好地	como es debido, seriamente
じっけん（実験）	5	experiment	实验	experimento
しつもん（質問）	5	question	询问	pregunta
しつれいします（失礼します）	11	Excuse me, sir/ma'am.	报告。/ 对不起。	Siento molestarle.
じてんしゃ（自転車）	4	bicycle	自行车	bicicleta
しぬ（死ぬ）	11	die	死	morir
〜じはん（〜時半）	2	half past 〜	〜点半	〜 y media
じぶん（自分）	6	one's own	自己	uno mismo
じぶんし（自分史）	17	autobiography	自己的成长史	autobiografía
しめる（閉める）	11	close	关上	cerrar
じゃ	1	then	那、那么	entonces
シャーペン	2	mechanical pencil	自动铅笔	portaminas
しゃかい（社会）	1	social studies	社会（课）	ciencias sociales

日本語	課	英語	中国語	スペイン語
ジャガイモ	14	potato	土豆、马铃薯	patata, papa
しゃしん（写真）	6	photograph	照片	fotografía
しゅう（週）	5	week	周、星期	semana
〜しゅう（〜周）	15	〜 lap	〜周	〜 vuelta
しゅうがくりょこう（修学旅行）	14	school excursion	修学旅行	viaje instructivo organizado por la escuela
〜しゅうかん（〜週間）	4	〜 week	〜个星期	〜 semana
じゆうけんきゅう（自由研究）	12	research as homework over the summer vacation	自由研究	tarea de investigación para las vacaciones del verano
しゅうごうじかん（集合時間）	14	meeting time	集合时间	hora de encuentro
しゅうごうする（集合する）	14	gather	集合	reunirse
しゅうじ（習字）	15	calligraphy	书法	caligrafía
ジュース	1	juice, soft drink	果汁	zumo, jugo
じゅうどう（柔道）	10	judo	柔道	judo
しゅうへん（周辺）	2	neighborhood	周边	entorno, alrededores
しゅうまつ（週末）	7	weekend	周末	fin de semana
じゅうよう（な）（重要（な））	6	important	重要	importante
じゅぎょう（授業）	4	class	课	clase
じゅぎょうちゅう（授業中）	6	in class	正在上课	durante la clase
じゅく（塾）	6	cram school	塾、补习学校	academia
しゅくだい（宿題）	3	homework	作业	deberes, tarea
じゅけん（する）（受験（する））	18	(take) an examination	应试	examinarse
じゅんばん（順番）	6	order	顺序	(el) orden
じゅんび（する）（準備（する））	8	prepare	准备	preparar
じゅんびたいそう（準備体操）	8	warm-up	准备体操	calentamiento
しょうかいする（紹介する）	9	introduce	介绍	presentar
しょうがくせい（小学生）	17	elementary school student	小学生	alumno de primaria
しょうがっこう（小学校）	10	elementary school	小学	escuela primaria

日本語	課	英語	中国語	スペイン語
じょうぎ（定規）	2	ruler	规尺	regla
じょうず（な）（上手（な））	5	be good at	好、擅长	bueno, diestro
しょうせつ（小説）	12	novel	小说	novela
しょうテスト（小テスト）	8	quiz	小测验	examen parcial, control
しょうひん（商品）	15	goods, merchandise	商品	artículo comercial
じょうぶ（な）（丈夫（な））	9	strong	健壮	robusto, fuerte
しょうらい（将来）	17	future	将来	futuro
しょくいんしつ（職員室）	2	teachers'/staff room	教员室	sala de profesores
しょくじ（食事）	15	meal	吃饭	comida
しょくば（職場）	15	workplace	工作场所、工作单位	lugar de trabajo
じょげん（助言）	16	advice	出主意	consejo
しらべがくしゅう（調べ学習）	8	research	调查学习	tiempo para investigar
しらべる（調べる）	4	check	查	consultar
しる（知る）	12	know	知道	saber
しろい（白い）	5	white	白	blanco
しんかんせん（新幹線）	4	shinkansen, bullet train	新干线	tren bala
しんせつ（な）（親切（な））	5	kind	亲切	amable, amistoso
しんぱい（する）（心配（する））	12	worry	担心	preocuparse
しんぱい（な）（心配（な））	5	worry	担心	preocupación, preocupado
しんろきぼうのかみ（進路希望の紙）	8	counseling sheet on student's future course	毕业后去向调查表	impreso sobre preferencias de ingreso

す

日本語	課	英語	中国語	スペイン語
すい（水）	5	Wednesday	星期三	miércoles
すいえい（水泳）	1	swimming	游泳	natación
すいぞくかん（水族館）	7	aquarium	水族馆	acuario
すいとう（水筒）	2	water bottle	水壶	cantimplora

日本語	課	英語	中国語	スペイン語
すいようび（水曜日）	3	Wednesday	星期三	miércoles
すうがく（数学）	1	mathematics	数学（课）	matemáticas
すうじ（数字）	1	number	数字	número
スーパー	4	supermarket	超市	supermercado
スープ	12	soup	汤	sopa
すき（な）（好き（な））	1	like, favorite	喜欢	gustar, favorito
スキー	1	skiing	滑雪	esquí
すぐ	12	easily	马上	rápidamente
すくう	13	scoop	捞	coger
すくない（少ない）	5	a few, a little	少	poco
すぐに	14	immediately	马上	inmediatamente
すごい	5	great	了不起	formidable, magnífico
すごく	11	very	非常	muy, mucho
すこし（少し）	11	a little	稍加	un poco
すし	8	sushi	寿司	sushi
スタート	12	start	开始	inicio, comienzo
すっかり	8	utterly	完全	totalmente
ずっと	11	through	一直	todo el rato, continuamente
ずっとまえから（ずっと前から）	18	since a while ago, for a long time	从很久以前	hace mucho tiempo
すてき（な）	18	nice	极好、出色	bonito
ストラップ	18	strap	手机链	correa
スピーチ	18	speech	致辞	discurso
スプーン	4	spoon	汤匙	cuchara
スポーツ	1	sport	体育运动	deporte
スマホ	11	smartphone	智能手机	teléfono inteligente
すみません	2	excuse me, sir/ma'am	对不起	disculpe, perdone
すむ（住む）	6	live	住、居住	vivir

日本語	課	英語	中国語	スペイン語
する	3	do, play	做	hacer
[マスクを]する	12	wear [a mask]	戴[口罩]	llevar, ponerse [una mascarilla]
すわる（座る）	6	sit	坐	sentarse

せ

日本語	課	英語	中国語	スペイン語
せ（背）	9	height	身高、个子	estatura
せいかい（正解）	7	right answer	正确答案	respuesta correcta
せいかつ（生活）	3	life	生活	vida diaria
せいせき（成績）	13	score	成绩	calificaciones
せいと（生徒）	5	student	学生	alumno
せいのう（性能）	17	performance	性能	rendimiento
せいぶつ（生物）	2	living thing	生物	ser vivo
せき（席）	6	seat	座位	asiento
ぜったい〜ない（絶対〜ない）	15	never 〜	绝不〜	no 〜 por nada, de ninguna manera
ぜったいに（絶対に）	8	never	绝对	de ninguna forma, nunca
せつめい（する）（説明（する））	11	explain	说明	explicar
せつめいかい（説明会）	5	explanatory meeting	说明会	reunión explicativa
せまい（狭い）	5	small	窄、窄小	pequeño, estrecho
せわをする（世話をする）	15	take care of	照顾	encargarse
せん（千）	9	thousand	千	mil
ぜんいん（全員）	8	all of them	全体	todos
ぜんかい（前回）	7	last time	上次	la vez anterior
せんげつ（先月）	4	last month	上个月	el mes pasado
せんしゅう（先週）	4	last week	上星期、上周	la semana pasada
せんせい（先生）	2	teacher	老师	profesor

日本語	課	英語	中国語	スペイン語
ぜんぜん〜ない（全然〜ない）	7	not ~ at all	完全不〜、完全没〜	no ~ nada
せんぱい（先輩）	9	senior	学长	alumno mayor
ぜんぶ（全部）	8	all	全部	todo

そ

日本語	課	英語	中国語	スペイン語
そう	13	I see.	是吗。	Así es.
ゾウ	6	elephant	大象	elefante
そうか	15	I see.	是吗。	¡Ah, vaya!
ぞうきん	2	(damp) cloth	抹布	trapo, bayeta
そうじ（する）（掃除（する））	2	clean up	扫除	limpiar
そうする	16	I will do so/that.	就这样办。	Voy a hacer eso.
そうそう	9	I think so.	对，对。	Sí, es cierto.
そうたい（する）（早退（する））	11	leave early	早退	volver a casa temprano
そうだったの	16	Was it?	是这样啊。	¿Ah, sí?
そうだね	14	Let me see.	是啊。	Pues….
そうだん（する）（相談（する））	14	ask for advice	商谈	consultar
そうだんにのる（相談にのる）	18	guide	可予以相商	aconsejar
そうでしたか	11	Was it so?	是吗。	¿Ah, sí?
そうです	5	Yes, it is.	对。	Sí, eso es.
そうですか	2	Is that so?	是吗。	¿Ah, sí?
そうですね	5	Yes, it is.	是啊。	Sí, es cierto.
そうなんだ	15	I see.	是这样啊。	¿Ah, sí?, ¡Ya veo!
そうね	14	I agree.	是啊。	Estoy de acuerdo.
〜そく（〜足）	12	(counter for shoes)	〜双	(contador para zapatos)
そこ	2	there	那儿	ahí
そこで	15	there	在那儿	ahí
そして	3	and then	然后、之后	luego, y
そつぎょう（する）（卒業（する））	14	graduate	毕业	graduarse

日本語	課	英語	中国語	スペイン語
そつぎょうしき（卒業式）	17	graduation ceremony	毕业典礼	ceremonia de graduación
そと（外）	11	outside	外面	fuera
その	2	that	那（个）	ese, su
そのとき	11	at that time	那个时候	entonces, al ocurrir eso
そぼ（祖母）	12	grandmother	祖母、外祖母	abuela
それ	2	that	那个	eso
それから	2	then	然后、之后	luego, además
それぞれ	15	each	分别	cada cual
それで	16	so	后来	entonces
そんなに	11	so	那么	tan, tanto

た

日本語	課	英語	中国語	スペイン語
タイ	1	Thailand	泰国	Tailandia
（ほけん・）たいいく（（保健・）体育）	1	physical education, PE	（保健）体育（课）	educación física
たいいく（体育）	4	physical education, PE	体育（课）	educación física
たいいくかん（体育館）	2	gymnasium, gym	体育馆	gimnasio
たいいくさい（体育祭）	10	athletic meeting	运动会	fiesta deportiva, campeonato escolar
たいけん（体験）	11	experiment	体验	experiencia
だいじょうぶ（な）（大丈夫（な））	9	OK, all right	不要紧	estar bien
だいじょうぶですよ（大丈夫ですよ）	4	Don't worry.	没关系。	No importa., Está bien.
タイじん（タイ人）	1	Thai	泰国人	tailandés
だいすき（な）（大好き（な））	9	favorite	特别喜欢	favorito
たいせつ（な）（大切（な））	8	important	重要	importante
たいそう（する）（体操（する））	6	(do) exercise	体操	(hacer) ejercicio, gimnasia

日本語	課	英語	中国語	スペイン語
たいちょう（体調）	15	condition	身体情况	estado físico, condición física
たいど（態度）	15	manner	态度	actitud, maneras
たいへん（な）（大変（な））	5	hard	费劲、困难	duro
タイムマシン	14	time machine	穿越时光机	máquina del tiempo
だい～もん（第～問）	7	~th question	第～道题	(primera, segunda…) pregunta
タオル	18	towel	毛巾	toalla
たかい（高い）	5	expensive	（价格）贵	caro
たかい（高い）	5	high	高	alto
だから	5	so	所以	por eso, así que
たからもの（宝物）	17	treasure	宝物、宝贝	tesoro
タガログご（タガログ語）	12	Tagalog	他加禄语	tagalo
たくさん	2	many, much	很多	muchos
タクシー	4	taxi	出租车	taxi
だけ	12	only	只、仅	solo
だす（出す）	5	take out	（取）出	poner, sacar
だす（出す）	8	submit	提交	poner
たすける（助ける）	18	help	帮助	ayudar
たずねる（尋ねる）	11	ask	询问	preguntar
ただいま	16	I'm home!	我回来了。	¡Ya estoy aquí!
ただしい（正しい）	12	right	正确	correcto
～たち	14	(suffix to indicate the plural for people)	～们	(sufijo pluralizador para personas)
たっきゅう（卓球）	1	table tennis, ping pong	乒乓球	tenis de mesa, ping-pong
たてもの（建物）	2	building	建筑物	edificio
たな（棚）	15	shelf	架子	estante, estantería
たのしい（楽しい）	5	good	愉快、开心	divertido, entretenido

日本語	課	英語	中国語	スペイン語
たのしみ（な）（楽しみ（な））	9	be looking forward to	期待	ilusionante
たのしみですね（楽しみですね）	3	Sounds fun.	很期待吧。	¡Qué bien!
たのむ（頼む）	16	ask for a favor	拜托	pedir
たぶん	5	probably	也许、可能	tal vez
たべもの（食べ物）	1	food	食物	comida
たべる（食べる）	3	eat	吃	comer
タマネギ	8	onion	洋葱头	cebolla
だめ（な）	6	not good	不行	no estar bien, no ser aceptable
だれ（誰）	2	who	谁	quién
だれか（誰か）	10	anyone	谁（指不特定的某人）	alguien
たんご（単語）	8	word	单词	palabra
ダンサー	18	dancer	舞蹈演员	bailarín
だんし（男子）	15	boy	男孩子	muchacho, hombre
たんじょうび（誕生日）	4	birthday	生日	cumpleaños
ダンス（する）	3	dance	舞蹈	danzar
たんにん（担任）	9	homeroom teacher	班主任	tutor

ち

日本語	課	英語	中国語	スペイン語
ちいさい（小さい）	5	small	小	pequeño
チェック	15	check	检查	comprobación, repaso
ちかい（近い）	7	near	近	cercano
ちがう（違う）	12	wrong	不对	no ser así, ser lo contrario
ちかく（に）（近く（に））	2	near	附近、近处	cerca
ちかてつ（地下鉄）	16	subway	地铁	metro, tren subterráneo
ちこく（する）（遅刻（する））	6	be late for	迟到	retrasarse
ちず（地図）	18	map	地图	mapa

日本語	課	英語	中国語	スペイン語
ちち（父）	6	father	爸爸、父亲	padre
チャイム	4	chime	铃	timbre, campanilla
チャット（する）	7	chat	聊天	chatear
チャレンジする	13	challenge	挑战	intentar, probar a hacer
ちゃんと	6	regularly, properly	认真地	como es debido, seriamente
ちゅうい（する）（注意（する））	5	warn, pay attention	注意、提醒	advertir
ちゅうがくせい（中学生）	17	junior high school student	初中生	alumno de la escuela secundaria
ちゅうがっこう（中学校）	8	junior high school	初中	escuela secundaria
ちゅうかりょうり（中華料理）	15	Chinese food	中餐	comida china
ちゅうかりょうりてん（中華料理店）	6	Chinese restaurant	中餐厅	restaurante chino
ちゅうごく（中国）	1	China	中国	China
ちゅうごくご（中国語）	5	Chinese	汉语、中文	chino
ちゅうごくじん（中国人）	1	Chinese	中国人	chino
ちゅうし（中止）	12	be cancelled	中止	suspensión
（ご）ちゅうもん（（ご）注文）	9	order	点单	pedido
ちょうどいい	12	just	正合适	perfecto, ajustado
ちょうりじっしゅう（調理実習）	8	cooking practice	烹饪实习	prácticas de cocina
チョコレート／チョコ	4	chocolate	巧克力	chocolate
ちょっと	5	a little	有点儿	un poco
ちょっと……	17	a little ……	有点儿（不太）……	un poco ……

つ

日本語	課	英語	中国語	スペイン語
つかいかた（使い方）	14	how to use	使用方法	cómo usar, forma de usar
つかう（使う）	4	use	用、使用	usar
つかれる（疲れる）	4	be tired	累	cansarse

日本語	課	英語	中国語	スペイン語
つぎ（次）	6	next	下面	siguiente
つぎに（次に）	14	next	接下来	seguidamente
つく（着く）	5	arrive	到达	llegar
つくえ（机）	2	desk	书桌	mesa
つくる（作る）	10	prepare	做	hacer
つける	11	turn on	打开	poner, encender
つたえる（伝える）	11	give a message	告诉	comunicar
つづける（続ける）	14	continue	继续	continuar
つなひき（する）（綱引き（する））	10	(have a) tug-of-war	拔河	jugar a la sogatira
つまらない	11	boring	没意思	aburrido
つめたい（冷たい）	5	cold	冷	frío
つよい（強い）	7	strong	强	fuerte

て

日本語	課	英語	中国語	スペイン語
て（手）	5	hand	手	mano
ティーシャツ（Tシャツ）	2	T-shirt	T恤衫	camiseta
ディーブイディー（DVD）	3	DVD	DVD	DVD
ディズニー	17	Disney	迪斯尼（影片）	Disney
ていねい（な）（丁寧（な））	13	polite	礼貌	de cortesía, educado
テーブル	2	table	桌子	mesa
テーマ	8	theme	题目	tema
でかける（出かける）	9	go out	出门	salir
てがみ（手紙）	16	letter	信	carta
できごと	18	incident	（发生的）事情	hecho
［ばんごはんが］できる（［晩ご飯が］できる）	14	[dinner] be made	做好［晚餐］	estar lista [la cena]
［やさいが］できる（［野菜が］できる）	14	[vegetable] crop	［蔬菜］已可以收获	salir [las verduras]

日本語	課	英語	中国語	スペイン語
[ともだちが] できる （[友だちが] できる）	16	[friend] be made	交上 [朋友]	hacer [amigo]
デザート	9	dessert	甜点	postre
てじな（手品）	17	magic	魔术	magia, prestidigitación
テスト（する）	5	test	测验、考试	examinar
テストちゅう（テスト中）	11	during examination	正在考试	durante el examen
てつだう（手伝う）	5	help	帮忙	ayudar
テニス	1	tennis	网球	tenis
テニスせんしゅ（テニス選手）	18	tennis player	网球选手	tenista
テニスぶ（テニス部）	3	tennis club	网球俱乐部	club de tenis
では	7	well	那么	bueno, entonces
デパート	2	department store	百货公司	grandes almacenes
でも	3	but	不过	pero
でる（出る）	6	go out, leave	出来	salir
でる（出る）	10	take part in	出场	participar
テレビ	3	TV	电视	televisión
（〜）てん（（〜）点）	5	mark	分数	punto
てんいん（店員）	2	clerk	服务员	dependiente, vendedor
てんき（天気）	7	weather	天气	tiempo atmosférico
でんき（電気）	8	light	电灯	luz eléctrica
てんきよほう（天気予報）	12	weather forecast	天气预报	pronóstico del tiempo
でんしじしょ（電子辞書）	7	electronic dictionary	电子词典	diccionario electrónico
てんじする（展示する）	17	display	展出	exponer
でんしゃ（電車）	4	train	电车	tren
てんすう（点数）	16	mark	分数	puntuación, nota (de un examen)
てんにゅうせい（転入生）	2	transfer student, new student	转校生	alumno transferido
でんわする（電話する）	4	call, ring, phone	打电话	telefonear

日本語	課	英語	中国語	スペイン語
でんわばんごう（電話番号）	1	telephone number	电话号码	número de teléfono

と

日本語	課	英語	中国語	スペイン語
ど（土）	5	Saturday	星期六	sábado
～ど（～度）	11	degree	～度	～ grados
トイレ	2	restroom, toilet	厕所	baño, servicio
どう	5	how	怎样	cómo
どうい（同意）	4	express agreement	赞成、同意	asentimiento, estar de acuerdo
どうが（動画）	10	animation	视频	video, animación
とうきょうスカイツリー（東京スカイツリー）	7	Tokyo Skytree	东京晴空塔	Tokyo Skytree
とうきょうタワー（東京タワー）	7	Tokyo Tower	东京塔	la Torre de Tokio
とうこう（登校）	6	going to school	上学	asistencia a la escuela
どうしたの	16	What's the matter?	怎么了？	¿Qué te pasa?
どうしたんですか	17	What's the matter?	怎么了？	¿Qué te pasa?
とうじつ（当日）	14	that day	当天	el día señalado
どうして	11	why	为什么	por qué
どうしましたか	5	What's the matter?	怎么了？	¿Qué ocurre?, ¿Qué pasó?
どうしますか	12	What shall we do?	怎么做？	¿Qué podemos hacer?
どうしよう	16	What shall I do?	怎么办？	¿Qué puedo hacer?
どうする	14	What will you do?	怎么办？	¿Qué harías?
どうぞ	5	please	请	toma, sírvete
（どうぞ）よろしくおねがいします（（どうぞ）よろしくお願いします）	1	Pleased to meet you.	请多关照。	Encantado de conocerlos.
どうだった	18	How was it?	怎么样？	¿Cómo fue?
どうでしたか	10	How was it?	怎么样？	¿Cómo te fue?

日本語	課	英語	中国語	スペイン語
どうですか	9	How about ~?	怎么样？	¿Qué te parece?
どうなる	14	How will it be?	会变得怎么样？	¿Cómo será?, ¿Qué ocurrirá?
どうぶつ（動物）	6	animal	动物	animal
どうぶつえん（動物園）	7	zoo	动物园	(parque) zoológico
どうも（ありがとうございました）	18	Thank you very much.	非常感谢。	¡Muchas gracias!
どうやって	14	how	怎么	cómo
とおい（遠い）	14	far	远	lejano
とおく（遠く）	2	far	远处	lejos
ドーナツ	12	doughnut	唐纳滋、炸面圈	donuts
とおり（通り）	2	street	大街	calle
とか	15	like	～啦～啦	cosas como
とき	12	when	时候	cuando
ときどき	7	sometimes	有时	a veces
とくい（な）（得意（な））	5	be good at	擅长	fuerte en algo, dársele bien
とくに（特に）	10	especially	特别	especialmente
とけい（時計）	2	clock, watch	钟、表	reloj
どこ	1	where	哪儿	dónde
どこか	12	somewhere	哪里（不特定的某个地方）	algún lugar
どこもいかない（どこも行かない）	3	go nowhere	哪儿也不去	no ir a ningún sitio
ところ（所）	15	place	场所	lugar
ところ	18	place	地方	parte
ところで	4	by the way	可是	por cierto, a propósito
としょかん（図書館）	3	library	图书馆	biblioteca

日本語	課	英語	中国語	スペイン語
としょしつ（図書室）	2	library	图书室	biblioteca (de la escuela)
としをとる（年を取る）	14	become older	上年纪	hacerse mayor
どちら	7	which	哪个	cuál
どちらも	7	both	哪个都	ambos
どっち	7	which	哪个	cuál
とっても	17	very	非常	muy
とても	1	very	非常	muy, mucho
とどける（届ける）	12	take to	送交、提交	llevar, entregar
となり	5	neighboring	邻居	vecino
どにち（土日）	8	Saturday and Sunday	星期六和星期日	sábado y domingo
どのくらい	6	how far, how long	多远、多长时间	como cuánto
とびばこ（とび箱）	10	vaulting horse	跳箱	plinto, cajón
とぶ	10	vault	跳	saltar
ともだち（友だち）	3	friend	朋友	amigo
ともだちことば（友だち言葉）	13	friends' conversation style	朋友之间的用语	estilo coloquial, al hablar entre amigos
どようび（土曜日）	3	Saturday	星期六	sábado
トラック	15	track	跑道	pista
トラブル	16	trouble	纠纷、矛盾	problema
ドリル	15	drill	练习教材	ejercicios
とる（取る）	8	pick up	取	tomar, coger
[しゃしんを]とる（[写真を]撮る）	8	take [photos]	照[相]	tomar [fotografías]
どれ	7	which	哪个	cuál
どんな	1	what kind of	什么样的	qué tipo de…, cuál

な

ない	11	don't have	没有	no tener

日本語	課	英語	中国語	スペイン語
なおる（治る）	11	get well	治好	curarse, sanar
なか（中）	2	in	中、里边	dentro
なか（中）	7	in	在～之中	entre, dentro
ながい（長い）	5	long	长	largo
なかなおりする（仲直りする）	16	make up	重归于好	hacer las paces, reconciliarse
なく（泣く）	10	cry	哭	llorar
なくす	16	lose	丢失	perder
なっとう（納豆）	13	fermented soybeans	纳豆	sojas fermentadas
なつまつり（夏祭り）	13	summer festival	夏季庙会	fiesta del verano
なつやすみ（夏休み）	3	summer vacation	暑假	vacaciones de verano
など	2	and so on, etc.	等	etcétera
なに／なん（何）	2	what	什么	qué
なにか（何か）	15	something	什么	algo
なにが（何が）	1	what	什么	qué
なにもしない（何もしない）	4	do nothing	什么也不做	no hacer nada
なまえ（名前）	2	name	名字	nombre
ならう（習う）	9	learn	学	aprender
ならべる（並べる）	15	fill (a shelf)	排列	alinear, poner
なる（鳴る）	4	ring	响	sonar
［おとなに］なる（［大人に］なる）	14	become [an adult]	长大［成人］	hacerse [mayor]
［ともだちに］なる（［友だちに］なる）	17	become [friends]	成为［朋友］	hacerse [amigo]
なんかいも（何回も）	11	many times	好几次	muchas veces
なんばん（何番）	1	what number	多少	qué número

に

日本語	課	英語	中国語	スペイン語
にがて（な）（苦手（な））	5	be poor at	不擅长	débil en algo, no dársele bien

日本語	課	英語	中国語	スペイン語
にぎやか（な）	5	busy, lively	热闹	animado, ajetreado
にげる（逃げる）	14	flee	逃走	huir
ニコニコする	18	smile	笑嘻嘻	estar sonriente
～にち（～日）	5	~ day	～日、～天	~ día
～にちかん（～日間）	11	~ day	～天	durante ~ días
にちようび／にちよう／にち（日曜日／日曜／日）	3	Sunday	星期天	domingo
にっき（日記）	13	diary	日记	diario
ににんさんきゃく（二人三脚）	10	three-legged race	二人三足赛跑	carrera de tres pies
にほん（日本）	1	Japan	日本	Japón
にほんご（日本語）	3	Japanese	日语	japonés
にほんごボランティア（日本語ボランティア）	18	volunteer Japanese teacher	日语志愿者	voluntario para enseñar japonés
にほんじん（日本人）	9	Japanese	日本人	japonés
にもつ（荷物）	18	luggage	行李	equipaje
ニュース	12	news	新闻	noticias
にる（似る）	18	similar	相似	parecerse
～にん（～人）	6	~ people	～个人	~ persona
にんきがある（人気がある）	5	popular	受欢迎、有人气	popular

ぬ

日本語	課	英語	中国語	スペイン語
ぬいぐるみ	2	stuffed toy	毛绒玩具	peluche
ぬすむ（盗む）	16	steal	偷、盗	robar

ね

日本語	課	英語	中国語	スペイン語
ねえ	4	say, hi	喂、哎	dime
ネクタイ	18	tie	领带	corbata
ネコ	2	cat	猫	gato
ねだん（値段）	2	price	价格	precio

日本語	課	英語	中国語	スペイン語
ねつ（熱）	11	temperature	体温	fiebre
ねつがある（熱がある）	11	have a fever	发烧	tener fiebre
ねむい（眠い）	9	sleepy	困	tener sueño
ねる（寝る）	3	go to bed	睡觉	acostarse
〜ねん（〜年）	5	〜 year	〜年	〜 año
〜ねん（〜年）	16	year 〜	〜年	〜 año
〜ねんかん（〜年間）	18	〜 year	〜年间	〜 año completo
〜ねん〜くみ（〜年〜組）	11	〜th grade class 〜	〜年〜班	〜 curso clase 〜
〜ねんせい（〜年生）	1	〜 grade student	〜年级学生	alumno de (primer, segundo…) curso
ねんれい（年齢）	1	age	年龄	edad

の

日本語	課	英語	中国語	スペイン語
のうか（農家）	14	farmer	农家	granja, granjero
のうりょく（能力）	17	ability	能力	capacidad
ノート	2	notebook	笔记本	cuaderno
のど	7	throat	嗓子	garganta
のぼる（登る）	13	climb	登、爬	subir
のみもの（飲み物）	1	drink	饮料	bebida
のむ（飲む）	3	drink	喝	beber
のる（乗る）	4	ride, take	乘、坐	subirse, tomar (un vehículo)

は

日本語	課	英語	中国語	スペイン語
は（歯）	3	tooth	牙	diente
はあ	16	Well, ……	嗐。	¡Bueno!
パーティー	18	party	宴会、聚餐	fiesta
ハードル	10	hurdle	跨栏	valla

日本語	課	英語	中国語	スペイン語
ハアハア	4	(sound for panting)	气喘吁吁地	(sonido para expresar el jadeo de cansancio)
はい	1	yes	是、对、好的	sí
ばいてん（売店）	6	stand	小卖部	puesto de venta
［おふろに］はいる（［おふろに］入る）	3	take [a bath]	洗澡	tomar [un baño]
はいる（入る）	5	enter	进、下（游泳池）	meterse, entrar
はいる（入る）	7	join	加入	entrar, ingresar
はかる（測る）	11	check	量	medir
はく	6	wear	穿	calzar, ponerse
はさみ	2	scissors	剪子	tijeras
はし	4	chopsticks	筷子	palillos (para comer)
はじまる（始まる）	14	start	开始	empezar
はじめ（初め）	17	at first	开始的时候	al principio
はじめて（初めて）	4	for the first time	第一次	por primera vez
はじめまして（初めまして）	1	How do you do?	初次见面。	Mucho gusto.
はじめる（始める）	4	begin, start	开始	empezar
ばしょ（場所）	2	place	场所	lugar
はしる（走る）	4	run	跑	correr
バス	4	bus	公共汽车	autobús, colectivo
はずかしい	17	be ashamed/embarrassed	不好意思	dar (tener) vergüenza
バスケットボール／バスケット	1	basketball	篮球	baloncesto, básquetbol
パソコン	17	personal computer	个人电脑	computadora personal (ordenador personal)
はたけ（畑）	14	field	田地	campo
はたらく（働く）	6	work	工作	trabajar
バッティングれんしゅう（バッティング練習）	10	batting practice	击球练习	ejercicios de bateo

日本語	課	英語	中国語	スペイン語
バドミントン	1	badminton	羽毛球	bádminton
はな（花）	4	flower	花	flor
はな（鼻）	6	nose	鼻子	nariz
はなし（話）	5	story	故事	historia, cuento
はなしがある（話がある）	6	have a talk	有话说	tener algo que decir
はなす（話す）	3	talk, speak	说	hablar
はなたば（花束）	18	bouquet	花束	ramo de flores
バナナ	3	banana	香蕉	banana, plátano
はなび（花火）	12	firework	焰火	fuegos artificiales
はなびたいかい（花火大会）	12	fireworks	焰火大会	exhibición de fuegos artificiales
はは（母）	5	mother	妈妈、母亲	madre
はやい（早い）	9	early	早	temprano
はやく（早く）	14	early	早	temprano
はる（貼る）	17	hang, put up	贴	pegar, poner en la pared
はるやすみ（春休み）	12	spring vacation	春假	vacaciones de primavera
バレーボール	10	volleyball	排球	voleibol, vóleibol
バレンタインデー	4	Valentine's Day	情人节	día de San Valentín
パン	1	bread	面包	pan
ハンカチ	12	handkerchief	手绢	pañuelo
ばんごはん（晩ご飯）	3	supper	晚饭	comida (noche), cena
パンダ	8	panda	熊猫	panda
ハンバーガー	1	hamburger	汉堡包	hamburguesa
ハンバーガーショップ	5	hamburger shop	汉堡包店	hamburguesería
ハンバーグ	8	hamburger	汉堡牛排	hamburguesa
パンフレット	9	brochure	小册子	folleto

日本語	課	英語	中国語	スペイン語
ひ				
ひ（日）	5	day	日、日子	día
ピアノ	9	piano	钢琴	piano
ビーカー	5	beaker	烧杯	vaso de precipitados
ビージーエム（BGM）	17	background music	背景音乐	música de fondo
～ひき（～匹）	13	(counter for fish)	～条	(contador para peces)
ひく（弾く）	10	play	弹	tocar
ひくい（低い）	5	low	低、矮	bajo
ひこうき（飛行機）	4	airplane	飞机	avión
ビザ	13	visa	签证	visado, visa
ひさしぶり	10	long time no see	好久不见	¡Cuánto tiempo sin vernos!
びじゅつ（美術）	1	art	美术（课）	arte, bellas artes
びじゅつかん（美術館）	8	art museum	美术馆	museo de arte
ひだり（左）	2	left	左	izquierda
ひづけ（日付）	3	date	日期	fecha
ひっこす（引っ越す）	5	move	搬家	mudarse, trasladarse
ビデオ	17	video	录像带、视频	video
ひと（人）	2	person	人	persona
ひとたち（人たち）	6	people	人们	personas, gente
ひとつ（一つ）	9	one	一个、一份	uno
ひとりっこ（一人っ子）	2	only child	独生子女	hijo único
ひとりで	3	by oneself, alone	独自	solo
ひま（な）	5	nothing to do	空闲、闲暇	no tener nada que hacer, ocioso
ひみつ（秘密）	8	secret	秘密	secreto
びょういん（病院）	2	hospital	医院	hospital
びょうき（病気）	6	illness	疾病	enfermedad

日本語	課	英語	中国語	スペイン語
びょうきけっせき（病気欠席）	11	absent because of illness	病假	ausencia (inasistencia) por enfermedad
ひる（昼）	5	daytime, noon	白天	día, mediodía
（お）ひる（（お）昼）	4	lunch	午饭	almuerzo, comida (mediodía)
ひるごはん（昼ご飯）	3	lunch	午饭	almuerzo, comida (mediodía)
ひるやすみ（昼休み）	5	lunch break	午休	descanso para comer del mediodía
ひろい（広い）	5	large, big	宽敞、宽大	amplio
ピンポーン	7	Correct!	答对了。	¡Correcto!

ふ

日本語	課	英語	中国語	スペイン語
ぶ（部）	11	club	俱乐部（课外活动小组）	club
ファストフードショップ	9	fast-food restaurant	快餐店	restaurante de comida rápida
ファミレス	15	family restaurant	家庭餐馆（面向家庭的连锁餐馆）	restaurante familiar
ふあん（な）（不安（な））	18	anxious	不安	inseguro
フィリピン	1	Philippines	菲律宾	Filipinas
ぶいん（部員）	5	club member	俱乐部成员	miembro del club
プール	2	swimming pool	游泳池	piscina
ふうん	5	I see.	噢。	¡Vaya!
フォーク	4	fork	叉子	tenedor
ぶかつ（どう）（部活（動））	2	club activities	俱乐部活动（课外活动小组）	actividades de club
ふく（拭く）	8	wipe	擦、擦掉	limpiar, pasar un trapo
ふく（服）	9	clothes	衣服	ropa

日本語	課	英語	中国語	スペイン語
ふく（吹く）	10	play	吹	tocar
ふくし（副詞）	3	adverb	副词	adverbio
ふくしゅう（する）（復習（する））	8	review	复习	repasar
ぶしつ（部室）	8	clubroom	俱乐部（课外活动小组）的专用房间	aula del club
ふたつ（二つ）	4	two	两个	dos
ふたり（二人）	5	couple	两个人	pareja, dos personas
ふつう（普通）	18	normally	一般	normalmente
ふで（筆）	15	brush	毛笔	pincel
ふでばこ	2	pencil box	铅笔盒	estuche, plumier
ふとる（太る）	9	gain weight	胖	engordar
ぶぶん（部分）	14	part	部分	parte
ふゆやすみ（冬休み）	12	winter vacation	寒假	vacaciones de invierno
フライパン	14	frying pan	平底煎锅	sartén
フランス	14	France	法国	Francia
フリーマーケット	2	flea market	跳蚤市场	mercado de pulgas
ふりかえきゅうじつ（振替休日）	15	day off in lieu of a public holiday that falls on a Sunday	倒休日	feriado (festivo) en sustitución de otro día
ふる（降る）	14	rain	下（雨）	caer la lluvia
ふるい（古い）	5	old	旧	viejo
プレゼント	4	present	礼物	regalo
（お）ふろ	3	bath	浴缸	baño (lugar para bañarse)
〜ふん／ぷん（〜分）	4	〜 minute(s)	〜分钟	〜 minuto
ぶん（文）	13	sentence	句子	oración
ぶんかさい（文化祭）	16	school festival	文化节	festival cultural de la escuela
ぶんぼうぐてん（文房具店）	2	stationer	文具店	papelería, tienda de artículos de escritorio

日本語	課	英語	中国語	スペイン語
ぶんまつひょうげん（文末表現）	13	sentence final expression	句末表现	expresión para finalizar una frase

へ

日本語	課	英語	中国語	スペイン語
へえ	3	huh, really	欸	¡oh!
～ページ	6	page ~	～页	página ~
ページ	9	page	页	página
へた（な）（下手（な））	5	be poor at	不好、不擅长	malo, torpe
ベッド	2	bed	床	cama
ベトナム	7	Vietnam	越南	Vietnam
ベトナムじん（ベトナム人）	1	Vietnamese	越南人	vietnamita
へや（部屋）	2	room	房间	habitación
へん（な）（変（な））	9	strange	不对头、奇怪	raro
へんか（変化）	17	change	变化	cambio
べんきょう（勉強）	5	study	学习	estudio
べんきょう（する）（勉強（する））	3	study	学习	estudiar
ペンギン	6	penguin	企鹅	pingüino
ベンチ	15	bench	长椅	banca, banquillo
（お）べんとう（（お）弁当）	1	box meal	盒饭	comida para llevar
べんり（な）（便利（な））	5	convenient	方便	cómodo, útil, práctico

ほ

日本語	課	英語	中国語	スペイン語
ほいくえん（保育園）	15	preschool, nursery school	托儿所	guardería
ほう	7	(used to indicate one side in comparison)	（比较起来）还是～	(señala una parte en comparaciones)
ほうかご（放課後）	2	after school	放学后	después de las clases
ほうき	2	broom	扫帚	escoba
ほうこく（する）（報告（する））	13	report	报告	informar

日本語	課	英語	中国語	スペイン語
ほうちょう（包丁）	8	knife	菜刀	cuchillo de cocina
ボウル	8	bowl	（洗菜、做饭等用的）盆	bol
ほえる	16	bark	（狗和猛兽等）吠、吼、叫	ladrar
ホームルーム	1	homeroom	班会	clase, aula
ボールペン	11	ball-point pen	圆珠笔	bolígrafo
ほかに（他に）	8	other	另外	además
ほかのひと（他の人）	10	others	别的人	otras personas
ぼく	1	I (used by boys)	我（男孩子用语）	yo (usado por chicos)
ほけん（保健）	12	physical education, PE	保健（课）	educación física
ほけんしつ（保健室）	2	sick room, nurse's office	医务室	enfermería (de la escuela)
（ほけん・）たいいく（（保健・）体育）	1	physical education, PE	（保健）体育（课）	educación física
ほこり	12	dust	灰尘	polvo
ほしい	9	want	想要	querer
ポテト	9	french fries, chips	土豆条	patatas fritas
ほめる	16	praise	表扬	elogiar
ほら	17	look	瞧	¡mira!
ほん（本）	3	book	书	libro
～ほん／ぼん／ぽん（～本）	18	(counter for thin and long things)	～把、根、本等	(contador para objetos finos y largos)
ぼんおどり（盆踊り）	13	Bon dance	盂兰盆会舞	baile de las fiestas de O-bon
ほんだな（本棚）	8	bookshelf	书架	estante de los libros, librería
ほんと	13	It sure is.	真的。／的确。	Cierto.
ほんとう（本当）	9	It sure is.	是啊。／真的。	De verdad., De veras.

日本語	課	英語	中国語	スペイン語
ほんとうに（本当に）	12	really	真	de verdad, de veras
ほんや（本屋）	2	book store	书店	librería

ま

日本語	課	英語	中国語	スペイン語
ま、いいか	16	I don't care.	哦，算了。	Bueno, no importa.
〜まい（〜枚）	9	(counter for thin and flat things.)	〜张、个、件等	(contador para cosas planas)
まいあさ（毎朝）	3	every morning	每天早上	todas las mañanas
まいしゅう（毎週）	3	every week	每周	todas las semanas
まいにち（毎日）	3	every day	每天	todos los días
まいばん（毎晩）	13	every night	每天晚上	todas las noches
まえ（前）	2	front	前边	delante
〜まえ（〜前）	4	before 〜	〜以前	〜 antes, hace 〜
まえ（前）	16	forward	前面	delante
まえに（前に）	14	before	以前	antes
まける（負ける）	7	lose	输	perder
まじめに	10	seriously	认真地	seriamente
まず	5	first	先、首先	primero, en primer lugar
マスク	12	mask	口罩	mascarilla
まぜる（混ぜる）	8	mix	搅拌	mezclar
また	9	again	又	de nuevo, otra vez
まだ	8	not yet	还（没有）	todavía no
またあした	4	See you tomorrow.	明天见。	Hasta mañana.
またこんど（また今度）	16	See you later.	下次再说吧。	Hasta luego., Hasta la proxima.
まち（町）	2	town	街区	ciudad, pueblo
まつ（待つ）	7	wait	等候	esperar

日本語	課	英　語	中国語	スペイン語
（お）まつり（（お）祭り）	13	festival	庙会、祭典（传统的庆典活动）	fiesta
まど（窓）	11	window	窗	ventana
まん（万）	9	ten thousand	万	diez mil
まんが	3	comic	漫画	manga, cómic
まんがぶ（まんが部）	5	manga club	漫画俱乐部	club de manga

み

日本語	課	英　語	中国語	スペイン語
ミーティング	11	meeting	会议	meeting, reunión
みえる（見える）	14	see	看得见	verse
みがく	3	brush	刷	cepillarse
みぎ（右）	2	right	右	derecha
みじかい（短い）	5	short	短	corto
みず（水）	1	water	水	agua
みずうみ（湖）	7	lake	湖泊	lago
みずぎ（水着）	8	swimwear	泳衣	traje de baño, bañador
みせ（店）	3	shop	店	tienda
みせる（見せる）	6	show	让看	mostrar
みち（道）	2	way, road	道路	camino
みつける（見つける）	10	find	找到、发现	encontrar
みっつ（三つ）	9	three	三个、三份	tres
みなさん	4	everyone	大家	todos
（お）みまい（（お）見舞い）	18	visit (a sick person)	看望	visita a una persona enferma
みみ（耳）	6	ear	耳朵	oreja
（お）みやげ	13	souvenir	礼品、土特产	recuerdo, souvenir
ミュージカル	17	musical	音乐剧	musical
みらい（未来）	4	future	未来	futuro
みる（見る）	3	watch, see, look	看	ver, mirar

日本語	課	英語	中国語	スペイン語
[じしょを]みる（[辞書を]見る）	14	look up [dictionary]	查 [词典]	mirar [el diccionario]
みんな	1	everyone	大家	todos
みんなで	7	among us	大家一起	entre todos

む

日本語	課	英語	中国語	スペイン語
むいしてきなどうさ（無意志的な動作）	17	non-volitional movement	无意识的动作	acción involuntaria (no volitiva)
むかし（昔）	5	old days	从前、古时候	el pasado
むし（する）（無視（する））	16	ignore	无视	ignorar (adrede)
むずかしい（難しい）	5	difficult	难	difícil
むりょう（無料）	4	free of charge	免费	gratis

め

日本語	課	英語	中国語	スペイン語
め（目）	6	eye	眼睛	ojo
〜め（〜目）	14	〜th	第〜	primero, segundo, etc (sufijo para ordinales)
メール	18	e-mail	电子邮件	e-mail, correo electrónico
メッセージ	18	message	寄语、留言	mensaje
メニュー	8	menu	菜单	menú

も

日本語	課	英語	中国語	スペイン語
もう	8	already	已经	ya
もうすぐ	7	soon	快要、马上	enseguida
もうすこし（もう少し）	17	a little more	再〜一下	un poco más
もうちょっと	11	a little more	再〜一下	un poco más
もく（木）	5	Thursday	星期四	jueves
もくてき（目的）	8	purpose	目的	objetivo
もくようび（木曜日）	3	Thursday	星期四	jueves

日本語	課	英語	中国語	スペイン語
もし	14	if	如果	si
もちもの（持ち物）	14	one's things	携帯物品	objetos personales para llevar
もつ（持つ）	18	carry	拿	llevar
もっていく（持っていく）	14	bring	帯去	llevar
もってくる（持ってくる）	8	bring	帯来	traer
もっと	7	more	更、更加（要）	más
もどす（戻す）	8	put back	放回	devolver
もとにもどす（元に戻す）	8	leave something as it is	恢复原状	devolver a su sitio
もの（物）	2	thing	东西	cosa
もらう	18	receive	接受、得到	recibir
もんだい（問題）	5	question, problem	问题	problema, pregunta

日本語	課	英語	中国語	スペイン語
やきゅう（野球）	1	baseball	棒球	béisbol
やきゅうぶ（野球部）	10	baseball club	棒球俱乐部	club de béisbol
やけどする	12	burn	烫伤	quemarse
やさい（野菜）	14	vegetable	蔬菜	verdura
やさいサラダ（野菜サラダ）	14	vegetable salad	蔬菜沙拉	ensalada vegetal
やさしい（易しい）	5	easy	容易	fácil
やさしい	6	kind	和气、亲切	amable, cariñoso
やすい（安い）	5	low-priced	便宜	barato
やすみ（休み）	3	day off, holiday, vacation	休息	descanso
やすみじかん（休み時間）	1	break time	休息时间	hora de descanso
やすむ（休む）	11	rest, absent from (school)	休息、请假	descansar, faltar
やったー	13	Yay!	太好了！	¡Qué bien!, ¡Viva!
やっぱり	11	as expected	果然	como imaginaba

日本語	課	英語	中国語	スペイン語
やま（山）	7	mountain	山	montaña
やめる	14	quit	辞去、辞职	dejar
やめる	15	stop	结束、停止	dejar
やる	9	do	做	hacer

ゆ

日本語	課	英語	中国語	スペイン語
ゆうえんち（遊園地）	7	amusement park	游乐园	parque de atracciones
ゆうがた（夕方）	3	evening	傍晚	atardecer
ゆうしょう（する）（優勝（する））	10	win	优胜、冠军	vencer, salir vencedor
ユーフォー（UFO）	13	UFO	UFO	OVNI
ゆうめい（な）（有名（な））	5	famous	有名	famoso
ゆっくり	18	slowly	很慢地	despacio
ゆめ（夢）	17	dream	理想、梦	sueño

よ

日本語	課	英語	中国語	スペイン語
ようちえん（幼稚園）	15	preschool	幼儿园	jardín de infancia, kindergarten
ようび（曜日）	3	day of the week	星期	día de la semana
～ようび（～曜日）	7	~ day	星期～	día de la semana
よかった	4	I'm glad to hear that.	太好了。	¡Qué bien!, ¡Ya estoy más tranquilo!
よく	4	often	经常	a menudo, muchas veces
よく	5	much, well	好好地	bien
よくできました	16	Well done.	考得很好。	Lo hiciste bien.
よこ（横）	2	side	旁边	lado
よっつ（四つ）	9	four	四个、四份	cuatro
よてい（予定）	12	plan	计划	plan
よぶ（呼ぶ）	16	call	叫	llamar

日本語	課	英語	中国語	スペイン語
よみかた（読み方）	5	how to read	读法	forma de leer, lectura
よみもの（読み物）	13	reading	阅读文章	lectura, texto para leer
よむ（読む）	3	read	看、读	leer
よる（夜）	5	night	晚上	noche
よるおそく（夜遅く）	9	late at night	（做到）晚上很晚	tarde por la noche
（どうぞ）よろしくおねがいします（（どうぞ）よろしくお願いします）	1	Pleased to meet you.	请多关照。	Encantado de conocerlos.

ら

日本語	課	英語	中国語	スペイン語
ラーメン	1	ramen noodles	拉面	fideos ramen
ラーメンや（ラーメン屋）	2	ramen shop	拉面店	restaurante de fideos ramen
らいげつ（来月）	4	next month	下个月	el mes próximo, el mes que viene
らいしゅう（来週）	4	next week	下星期、下周	la semana próxima, la semana que viene
らいねん（来年）	4	next year	明年	el año próximo, el año que viene
ラケット	9	racket	球拍	raqueta
ラジオたいそう（ラジオ体操）	12	radio gymnastics	广播体操	gimnasia transmitida por radio
ランニング	10	running	跑步	carrera

り

日本語	課	英語	中国語	スペイン語
りか（理科）	1	science	理科（课）	ciencias
りかしつ（理科室）	5	science room	理科室	aula de ciencias, laboratorio
リコーダー	10	recorder	竖笛	flauta dulce

日本語	課	英語	中国語	スペイン語
リハーサル	17	rehearsal	彩排	ensayo
りゆう（理由）	11	reason	理由	razón
りようしゃ（利用者）	8	user	利用者	usuario
りょうり（する）（料理（する））	10	cook	烹饪	cocinar
りょこう（旅行）	12	travel, trip	旅行	viaje
リレー	10	relay	接力赛跑	relevos

れ

日本語	課	英語	中国語	スペイン語
れい（例）	1	example	例子	ejemplo
れきし（歴史）	4	history	历史	historia
れきししょうせつ（歴史小説）	5	historical novel	历史小说	novela histórica
レジ	15	cash register	收款机	caja registradora
レストラン	3	restaurant	餐厅	restaurante
れんしゅう（する）（練習（する））	3	practice	练习	practicar, (hacer) ejercicios
れんしゅうプリント（練習プリント）	10	exercise sheet	练习讲义	hoja de ejercicios
れんしゅうもんだい（練習問題）	11	exercise	练习题	ejercicios
れんらく（連絡）	11	giving message	联络	contacto, comunicación

ろ

日本語	課	英語	中国語	スペイン語
ろうか（廊下）	2	corridor	走廊	pasillo
ろうじんホーム（老人ホーム）	15	nursing home	老人院	residencia de anciano
ロッカー	2	locker	储物柜	taquilla, armario

わ

日本語	課	英語	中国語	スペイン語
わあ	2	Oh!	哇！	¡Vaya!
わかい（若い）	12	young	年轻	joven
わかった	16	I see.	明白了。/ 好。	¡Entendido!, Está bien.

日本語	課	英語	中国語	スペイン語
わかりました	2	I see.	知道了。	Entiendo., Entendido.
わかりません	2	I don't know.	不知道。	No sé.
わかる	4	understand	明白	comprender
わすれもの（忘れ物）	8	lost thing	忘了的东西	cosa olvidada
わすれる（忘れる）	4	forget	忘	olvidar
わたあめ	13	cotton candy, candy floss	棉花糖	algodón dulce
わたし（私）	1	I	我	yo
わたしたち（私たち）	10	we	我们	nosotros
わらう（笑う）	9	smile	笑	reírse
わるい（悪い）	5	bad	坏	malo
わるぐち（悪口）	16	bad mouth	（说）坏话	maledicencia